U0029795

English

一本讀通
高中英文
圖解基礎英文文法

慶應義塾大學文學部英美文學系、多益課程講師

肘井 學 著

韓宛庭 譯

高校の英文法が1冊でしっかりわかる本

前言

　　本書針對國中生、高中生、大學生、社會人士，以及國高中生的家長，在百家爭鳴的高中英文文法教材當中，編選出能 1 冊學到會的重要文法。

　　事實上，高中英文文法幾乎涵蓋了所有英文文法，我從最重要的範圍，嚴選出必讀的關鍵文法，統整為 1 冊文法書。

　　走在時代尖端，英語已成為現代人的必備技能，舉凡國高中定期測驗、高中大學入學考試，還有全民英檢、多益考試，以及日常英語會話、旅遊英語會話與商用英語，我們在人生的不同階段、不同領域都要用到英文，本書著重的文法能幫助你全面應用在上述各個場合，成為你的最強武器。

　　本書秉持「把英文文法從單一且枯燥乏味的句型規則當中解放，轉化為可靈活運用的規則」之教學態度，幫助你清楚看出從單一規則中看不見的文法關聯，並仔細說明每條規則的由來及原因，舉出具體實例來幫助你理解。如此一來，零散的知識就會連成線，每條規則變得活潑生動，你彷彿能聽見英語圈人士的談吐呼吸。

　　期待你透過本書領略英文文法的醍醐味，體驗到英語的妙趣，由此拓展語言疆域，那便是我最大的喜悅。

肘井 學

目錄

內文設計：二之宮匡（NIXinc）
插畫：藤田 hiroko

7

本書的 5 大特點

第1點 清晰易讀的解說！一看就懂的插圖！

　　本書最大的目標，是把「英文文法從單一且枯燥乏味的句型規則當中解放，轉化為可靈活運用的規則」，把乍看看不出所以然的文法關聯變得清晰可見，並仔細說明每條規則的由來及原因，舉出具體實例來幫助你理解。如此一來，零散的知識就會連成線，讓你體驗到英文文法的醍醐味。我們每個例句均有附插圖，讓你一看就懂、幫助聯想。

第2點 從小學到老，終生受用！

　　本書針對還沒進入高中的**國中生、高中生、大學生、社會人士，以及國高中生的家長**所編選，讓你學會終生受用的英文文法。

第3點 一併鍛鍊4項英文技能！

　　英文文法是支撐英文「聽、說、讀、寫」4 項能力的重要地基。本書將**英文文法實際對應到 4 項技能，設計出一套專屬練習**，並將內容整理在 p.150 ～ p.160。請盡量活用本書教授的英文文法，一併提升英語的 4 項能力。

第4點 學會應用能力及各項知識！

　　每篇 Lesson 均有附「＋α 知識補給站」單元，裡面整理了**應用文法及英文文法的趣味小知識**給大家，兼具實用及娛樂性。

第5點 英文文法大揭祕！

　　這條規則是怎麼來的？根據是什麼呢？本書將逐一解開這些謎團，幫助你了解英文文法有名的規則是如何演變而來，並從眾說紛紜的版本裡，挑選最能引發學習興趣的版本給大家。

鍛鍊4種英文技能的內容

聽力 × 閱讀能力訓練

聽力和閱讀能力有一個共同點：它們都屬於接收型能力，可同時鍛鍊。

Step 1 播放英語朗讀，同步跟著唸

用「同步朗讀（shadowing）」的方式，1個句子重複練習10次左右。前5次可以看著英文唸，後5次請單靠聽力照著唸。如此一來，就能同時鍛鍊聽力和閱讀能力。為了在這段期間盡量不受母語影響，此部分只有放英文，沒有放翻譯。不知道意思的時候，請往前確認翻譯吧。

說話能力訓練

Step 2 播放英語朗讀，按下暫停鈕，複述內容

用「聆聽 & 複述（Listen & Repeat）」的方式，不仰賴英語朗讀，自己動口還原內容。反覆進行這項訓練，就能學會自然而然開口說英語。1個句子請重複練習5次左右。

書寫能力訓練

Step 3 回答書末的英文造句填空問題

本書在書末的4技能鍛鍊單元設計了英文造句填空。想要提升寫作能力，實際動手寫才是捷徑。本書教授的扎實文法，可以有效加強寫作能力。

本書的使用說明

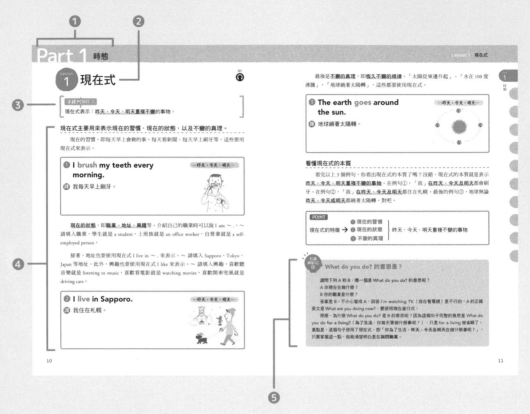

① 各 Part 介紹的單元

② 此跨頁的學習項目

③ 每個學習項目的重點

④ 英文例句、翻譯及解說。由此了解句型結構與翻譯方式。

⑤ 應用知識及趣味小知識補充站。

⑥ 4種英文技能鍛鍊頁面。請下載音檔，一邊聆聽道地的英語發音，一邊閱讀英文，同時發聲唸出來。也可一邊聆聽道地的英語發音，一邊練習寫。

如何下載音檔

書中標示「」符號上方的數字，即檔案內的音軌編號。

掃描以上 QR Code，

進入雲端空間，即可下載本書音檔。

Lesson 1 **現在式**

01

> **本課 POINT！**
> 現在式表示：**昨天、今天、明天重複不變**的事物。

現在式主要用來表示現在的習慣、現在的狀態，以及不變的真理。

現在的習慣，即每天早上會做的事。每天看新聞、每天早上刷牙等，這些要用現在式來表示。

❶ I brush my teeth every morning.

…昨天、今天、明天…

譯 我每天早上刷牙。

現在的狀態，即**職業、地址、興趣**等。介紹自己的職業時可以說 I am ～.。～ 請填入職業，學生就是 a student，上班族就是 an office worker，自營業就是 a self-employed person。

接著，地址也要使用現在式 I live in ～. 來表示。～ 請填入 Sapporo、Tokyo、Japan 等地址。此外，興趣也要使用現在式 I like 來表示。～ 請填入興趣，喜歡聽音樂就是 listening to music，喜歡看電影就是 watching movies，喜歡開車兜風就是 driving cars。

❷ I live in Sapporo.

…昨天、今天、明天…

譯 我住在札幌。

最後是**不變的真理**，即**恆久不變的規律**。「太陽從東邊升起」、「水在 100 度沸騰」、「地球繞著太陽轉」，這些都要使用現在式。

3 **The earth goes around the sun.**

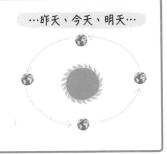

…昨天、今天、明天…

譯 地球繞著太陽轉。

看懂現在式的本質

看完以上 3 個例句，你看出現在式的本質了嗎？沒錯，現在式的本質就是表示**昨天、今天、明天重複不變的事物**。在例句①，「我」在昨天、今天及明天都會刷牙。在例句②，「我」**在昨天、今天及明天都住在札幌**。最後的例句③，地球無論**昨天、今天或明天**都繞著太陽轉，對吧。

POINT

現在式的特徵 → **❶** **現在的習慣**
　　　　　　　 ❷ **現在的狀態** ⎫ 昨天、今天、明天重複不變的事物
　　　　　　　 ❸ **不變的真理** ⎭

知識
補給站
α

What do you do? 的意思是？

請問下列 A 和 B，哪一個是 What do you do? 的意思呢？
A 你現在在做什麼？
B 你的職業是什麼？
答案是 B。不小心當成 A，回答 I'm watching TV.（我在看電視）是不行的。A 的正確英文是 What are you doing now?，要使用現在進行式。
那麼，為什麼 What do you do? 是 B 的意思呢？因為這個句子完整的意思是 What do you do for a living?（為了生活，你每天要做什麼事呢？），只是 for a living 被省略了。重點是，這個句子使用了現在式，即「你為了生活，**昨天、今天及明天**在做什麼事呢？」，只要掌握這一點，就能清楚明白是在**詢問職業**。

Lesson 2 過去式

> **本課 POINT ！**
> 使用過去式，會對一切事物產生距離感。

過去式的關鍵字為「距離感」。

過去式表示從前發生的事，關鍵字為「距離感」。使用過去式時，會對一切事物產生距離感。舉例來說，**表達過去的事情**時，我們除了提出時間，如 yesterday 等，還要同時使用過去式。這時候，就會**與現在產生距離感**。

---

❶ I was absent from lectures yesterday.

譯 我昨天上課缺席。

接著，我們來看 Could you tell me the way to the station? 這個例句使用的過去式。could 雖然是過去式，但並不是用來表示過去。在這裡，同樣是用過去式來強調**距離感**。

---

❷ Could you tell me the way to the station?

譯 請問到車站要怎麼走？

在這個情境下，產生的是**與對話者之間的距離感**。藉由把 Can you tell me the way to the station? 改成 Could you tell me the way to the station?，拉開自己與對話者之間的距離，**使語感變得更為禮貌**。英語的過去式，會**藉由與對方拉開距離來表示禮貌**。

Part
1
時
態

最後，英語的**過去式**可以透過**假設語氣**來表達**並非事實的想像情境**。假設語氣裡，可從時態上區分出過去假設，但**即使時態指的是現在的內容，動詞一樣要用過去式**。這是為什麼？

假設語氣用的過去式，**會與事實產生距離感**，藉此產生**不符合事實的想像情境**，好向對方表達：「這不是真的，只是想想而已！」

---

❸ If I were you, I would wait for him.

🈠 如果我是你，我就會等他。

看懂現在式的本質

依序看下來，你應該看出過去式的精髓了。想要表達**過去的事情**時，就要使用過去式，藉此**與過去產生距離**；想要表達**客氣禮貌**時，就要使用過去式，藉此**與對方產生距離**；想要表達**想像情境**時，也要使用過去式，藉此**與事實產生距離**。無論是哪一種，重點皆為**距離感**。

POINT	
過去式可以用來表示 →	❶ 過去的事情　⇒ 與現在的距離 ⎤
	❷ 禮貌　　　　⇒ 與對方的距離 ⎬ 過去式表示**距離感**
	❸ 假設語氣　　⇒ 與事實的距離 ⎦

知識補給站 α

動詞的過去式也能表示禮貌！

如同上述說明，助動詞的過去式 could 也能表示禮貌。不僅如此，動詞的過去式也代表了禮貌。例如 I wonder if I could use the bathroom.（方便借用洗手間嗎？）這個句子，我們可以改用更客氣的說法：I wondered if I could use the bathroom.。為什麼這樣說會比較客氣呢？

因為藉由把現在式的 wonder 改成過去式的 wondered，與對方產生距離，使詢問的語氣顯得更加委婉。

Lesson 3 未來語氣

> **本課 POINT！**
> 未來語氣會用到 will、be going to 及現在進行式。

will是臨時起意，be going to是預定計畫。

英語表示未來的事情時，主要使用 will 或 be going to。will 是包含說話者心情的主觀語氣，be going to 是表達預定計畫等的客觀語氣。

例如，當下隨口說「（對了！）去京都吧」時，英語會用 I will go to Kyoto.。

❶ I will go to Kyoto.

譯 （對了！）去京都吧。

相反地，如果是提前安排好的計畫，就會說 I am going to go to Kyoto.。此時可以省略 go to，直接說 I am going to Kyoto.。使用現在進行式表示未來的原因，會在下一頁進行說明。

❷ I am going to (go to) Kyoto.

譯 我預定要去京都。

為何要用「現在進行式」表示未來呢？

英語還有另一個方式可以表達未來，那就是**現在進行式**。舉例來說，在公司被問到「明天下午 4 點有空嗎？」，你想回答「明天下午 4 點要開會」時，直接使用現在進行式就行了。

❸ **I** am attending **the meeting at four tomorrow.**

🈶 我明天下午 4 點預定要開會。

那麼，為何要用現在進行式表示未來呢？

因為在你心裡，明天下午 4 點要開會這件事，已經在進行當中。為什麼是「進行當中」呢？因為，**你已經在為明天的會議做準備，即使只是在記事本或行程表註記「開會」也算數**。如果你已經準備好開會用的資料，會議的準備的確正在進行中，這是沒有疑慮的。

POINT
未來語氣 →
❶ will ⇒ 臨時起意、隨口說的主觀語氣
❷ be going to ⇒ 已安排好預定計畫的客觀語氣
❸ 現在進行式 ⇒ 寫在記事本裡等，行為已在進行

英語沒有未來式

我在 Lesson 1 和 Lesson 2 分別使用了現在式、過去式當作標題，卻在 Lesson 3 使用了未來語氣。你沒看錯，英語的時態只有分成過去及現在，沒有未來。因此，表示未來的時候，當然要使用現在式。而助動詞的現在式 will、be going to 及現在進行式，也全部屬於現在式。

只要從動詞三態變化 come-came-come 來推想，就會發現英語裡只有現在式、過去式及過去分詞，並不存在未來式。

Lesson
4

現在完成式

本課 POINT！

現在完成式，用來表達從過去延續到現在的狀態。

發生在過去，並對現在造成影響。

　　現在完成式的作用是：**強調過去發生，並且影響到現在的狀態**，使用 have +
過去分詞來表示。過去分詞是動詞三態變化的第三態，本書簡稱「p.p.」。

　　如同例句①～③，「我從早上到現在都在看書」、「我至今去過 3 次夏威夷」、
「他去美國了（現在不在）」等情境下，英語會使用現在完成式。我們可以清楚看
出「**從過去開始，並持續影響到現在**」這個規則。

---

❶ **I have been reading a book since this morning.**

譯 我從早上到現在都在看書。

---

❷ **I have been to Hawaii three times.**

譯 我至今去過 3 次夏威夷。

---

❸ **He has gone to the U.S.**

譯 他去美國了（現在不在）。

　　英文文法把這種「從過去持續到現在」的狀態分為 3 類。❶ **持續用法**「從過去持續～到現在」；❷ **經驗用法**「從過去到現在都有～」；❸ **完成‧結果用法**「過去完成～直到現在」。

　　但是，在這 3 個用法的前提下學習現在完成式，會遺漏最重要的訊息。無論如何，現在完成式的大前提都應該是：**發生在過去，並對現在造成影響**。這才是真正的出發點，並由此歸納出上述 3 種用法，這樣思考順序才正確。

看懂現在完成式的本質

　　總結來看，現在完成式可以用來描述：**過去發生並持續到現在**的狀態、**過去做過直到現在**的狀態，以及**過去完成並持續影響到現在**的狀態。

```
POINT                 ❶ 持續用法       ⇒ 從過去持續到現在
現在完成式 ➜          ❷ 經驗用法       ⇒ 過去到現在做過的事
                      ❸ 完成‧結果用法  ⇒ 過去完成直到現在

發生在過去，並對現在造成影響的狀態！
```

完成‧結果用法強調：「現在怎麼樣？」

　　我還記得自己剛學現在完成式時，唯獨完成‧結果用法一時之間抓不到重點。原因出在，此用法與其他用法不同，**難以用一句話解釋**。

　　舉例來說，I have just finished my lunch.（我剛吃完午餐）這個例句，其中便帶有「我剛吃完午餐，沒辦法陪你去吃午餐」這種「過去完成的事情影響到現在」的語感。如同例句③，「他去美國了」⇒「所以現在不在！」，就是透過現在完成式來描述「過去的事情如何影響到現在」。因此，完成‧結果用法特別強調「那件事情結束後，現在怎麼樣？」的語感。

Lesson 5

過去完成式

05

> **本課 POINT！**
> 過去完成式，用來表達從久遠的過去，持續到過去的狀態。

從很久以前的過去，一直持續到過去。

現在完成式強調「從過去影響到現在」，**過去完成式**則強調「久遠的過去，對過去造成的影響」。請看下方圖示，就能一眼看出兩者差異。

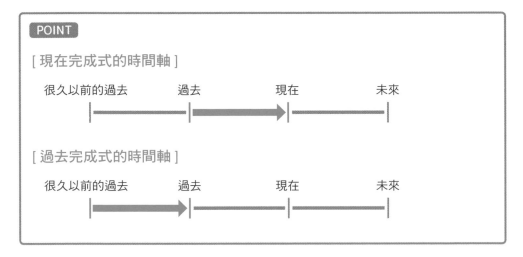

POINT

[現在完成式的時間軸]

| 很久以前的過去 | 過去 | 現在 | 未來 |

[過去完成式的時間軸]

| 很久以前的過去 | 過去 | 現在 | 未來 |

舉例來說，若你想表達「她回來的時候，我已經連續看了 3 小時的電視」，由於「她回來的時候」已經是過去的事，「連續看了 3 小時的電視」則是更早以前的事情，這時候就要派**過去完成式**上場。此為**持續用法**。

① I had been watching TV for 3 hours when she came back.

譯 她回來的時候，我已經看了 3 小時的電視。

此外，若你想表達「我在 20 歲之前不曾出國」，這時候也要派過去完成式上場。因為「20 歲」已經是過去的事情，在此之前不曾出國則是更早以前的事，所以要用過去完成式。此為經驗用法。

❷ **I had never been abroad before I was 20 years old.**

🈯 我在 20 歲之前不曾出國。

還有，若你想表達「當我抵達車站時，電車已經開走了」，也要使用過去完成式。因為抵達車站已經是過去的事情，電車則是在更早以前離站，所以要用過去完成式。此為完成・結果用法。

❸ **The train had already left when I arrived at the station.**

🈯 當我抵達車站時，電車已經開走了。

知識
補給站
α　**過去完成式的原創用法**

　　兩者比對下來，現在完成式與過去完成式，基本上只差在是以「現在」還是「過去」為時間基準。但事實上，過去完成式還有一個特殊用法，那就是以「大過去」為基準，單純強調過去發生的事情，其中並不存在「從哪個時間點延續到過去」的語感。

　　舉例來說，如果以「弄丟手錶的過去」為時間基準，「爸爸買手錶給我」單純是更早以前的過去，所以「我弄丟了爸爸買給我的手錶」這句話也要使用過去完成式。

I lost my watch that my father had bought for me.

🈯 我弄丟了爸爸買給我的手錶。

06

Lesson 6 未來完成式

本課 POINT！
未來完成式，用來表達截至未來某個時間點之前，已經持續一段時間的狀態。

截至未來某個時間點之前發生的事，所產生的影響。

未來完成式是以未來某個時間點為基準，說明在此之前持續的一段時間。簡單來說，現在完成式的基準是「現在」，未來完成式的基準則是「未來」。

例如「明年 4 月，我在靜岡就住滿 5 年了」這一句，就是以「明年 4 月」作為未來的時間點，說明自己從 5 年前就住在靜岡。這種情況就要使用未來完成式。此為持續用法。

---

❶ **I will have lived in Shizuoka for five years next April.**

🔊 明年 4 月，我在靜岡就住滿 5 年了。

滿5年！
2014 年 4 月 ———➡ 2019 年 4 月

我們來看下一句，「我下次去美國，就是第 2 次去」。此句以「下次去美國」作為未來的時間點，說明自己加起來就去了 2 次美國，因此要使用未來完成式。此為經驗用法。

---

❷ **I will have been to the U.S. twice if I go there again.**

🔊 我下次去美國，就是第 2 次去。

第1次　第2次 計畫要去

最後來看「明天我應該就把這封信寫完了」，這句以「明天」作為未來的時間點，說明在此之前信就寫完了，所以要用**未來完成式**。此為**完成·結果用法**。

❸ I will have written the letter by tomorrow.

今天 ------▶ 明天

🈺 明天我應該就把這封信寫完了。

看懂完成式的本質

讀到這裡，你應該看出現在完成式、過去完成式、未來完成式等所有「完成式」的共同點是什麼了。沒錯，事實上，**連過去完成式和未來完成式，都是現在完成式的應用型。**

現在完成式表示**從過去延續到現在**的狀態，所以是以**「現在」為基準，並從過去開始；過去完成式**則是以**「過去」為基準，並從更早以前的過去開始；未來完成式**則是**以「未來」為基準，並從此之前開始。**

POINT

[完成式的時間軸]

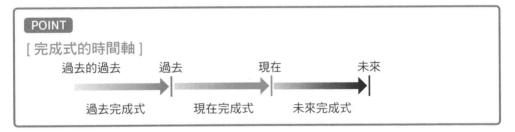

過去的過去　　過去　　　　　現在　　　　　未來

過去完成式　　　現在完成式　　　未來完成式

知識
補給站
α

完成式即「擁有過去」!?

事實上，我們可以把所有完成式看作「擁有過去」。

完成式的公式為have p.p.（過去分詞），我們可以把have看成「擁有」，p.p.看成「過去」。

現在完成式說明從過去持續到現在的狀態，可以理解為「現在仍擁有過去完成的事物」。過去完成式（had p.p.）可以理解為「在過去的時間點，仍擁有更久以前的過去完成的事物」。未來完成式（will have p.p.）則可理解為「在未來的時間點，仍擁有在此之前完成的事物」。

因此可說，3個完成式只差在是以「過去」、「現在」還是「未來」當作時間基準。

Lesson 7 進行式

07

> **本課 POINT！**
> 進行式即「**正在～**」的意思。

表示「正在～」

進行式就是「**正在做什麼**」的意思。例如「我正在公園散步」就能用進行式來表達。Lesson 1 介紹的現在式是橫跨昨天、今天、明天的時態，並非指當下這一刻。**現在進行式就是用來表示「此時此刻」。**

❶ I am taking a walk in the park now.

譯 我正在公園散步。

接著是 Some flowers are dying in the park.，這句話要怎麼翻譯呢？我們可不能翻成「有些花正在死」。首先，be dying 的 die 雖然是進行式，但是 die 用在花朵上不能翻成「死」，而是「**枯死（枯萎）**」，翻譯時請小心。

再來，「有些花枯死了」這個翻譯也值得探討，因為同一句話轉換回英文，應該是 Some flowers are dead. 才對。重點在於 be dying 如何翻譯。正確的翻法是「**快要枯死了**」。be dying 應該使用「**快要枯死**」，以表達「**正在邁向終點**」。由此可知，進行式的「**正在～**」也有「**正在邁向終點**」的意思。

❷ Some flowers are dying in the park.

譯 公園裡有些花快要枯死了。

為何有些動詞無法使用進行式

進行式的「正在～」也帶有**「正在～還沒結束」**的意思。這悄悄解釋了為何有些動詞不能使用進行式。關鍵字是「結束」，懂了嗎？**進行式只能用在「必然會結束」的事情上。因此，無法輕易結束的事情，當然就無法使用進行式了。**

比方說，I know him very well.（我很了解他）這個例句，我們能用進行式來表達嗎？答案是「不能」。因為「了解」這件事**不能輕易結束**，所以一般來說，know 並不會使用進行式。

那麼，He resembles his father.（他長得很像他的爸爸）這句話能用進行式嗎？答案是「不能」。因為「很像爸爸」這件事**不能輕易結束**，所以無法使用進行式。這就是有些動詞不能使用進行式的原因。

> **POINT**
>
> 進行式**表示正在做某件事** ➜ **正在邁向終點**
>
> （**無法輕易結束的事情，不能使用進行式**）

知識
補給站
α
用進行式更禮貌的原因

我在 p.15 的「知識補給站」單元介紹過 I wondered if I could use the bathroom.（方便借用洗手間嗎？）這個例句，事實上還有更禮貌的說法，即 I was wondering if I could use the bathroom.。為什麼使用進行式會更加禮貌呢？

如同前面所說，進行式表示「正在～」，必須用在一定會結束的事情上，放在借廁所的情境下，就會出現「我只是暫時借用一下，很快就好！」的語感。如果一直需要借廁所會造成別人的困擾，這時可用進行式表達「只是暫時性的」，使句子變得更為禮貌。

Lesson 1 現在式

> 昨天、今天、明天
> 重複不變的事物！

例 ●我每天早上刷牙。
　　●我住在札幌。
　　●地球繞著太陽轉。

Lesson 2 過去式

> 距離感！

與現在保持距離表示過去，與對方保持距離表示禮貌，與事實保持距離表示假設。

Lesson 3 未來語氣

> will 是臨時起意，be going to 是預定計畫。

例 （對了！）去京都吧。　⇒　I will go to Kyoto.
　　我預定要去京都。　⇒　I am going to (go to) Kyoto.

Lesson 4 ～ 6 完成式

> 完成式時間軸

過去的過去　　　　過去　　　　　　現在　　　　　未來

* 現在完成式：以現在為基準，並從過去開始。
* 過去完成式：以「過去」為基準，並從更早以前的過去開始。
* 未來完成式：以「未來」為基準，並從此之前開始。

Lesson 7 進行式

> 表示「正在～」！

無法輕易結束的事情，不能使用進行式！

例　know「了解」無法輕易結束，所以沒有 be knowing ✗

08

英文文法專欄①

為何表示時間及條件的副詞子句要用現在式？

高中英文文法有一條重要的規則，即「表示時間及條件的副詞子句，就算是未來的事情也不能使用 will，而要使用現在式」。「時間及條件」指的是 when 或 if，副詞子句則是副詞下的一個分類。按照規則，即使 if 的內容提及未來，也不能使用 will，而要使用現在式。

例 **If it is fine tomorrow, let's play soccer.**

譯 如果明天是晴天，我們去踢足球。

這個規則的由來眾說紛紜，在此介紹最有趣的說法給大家。請看下方例句，這出自莎士比亞《羅密歐與朱麗葉》當中的一幕。

例 **If love be blind, love cannot hit the mark.**

譯 如果愛情是盲目的，愛情就無法射中紅心。

從這個句子可以看出，在古早的年代，If 開頭的副詞子句，其中的動詞就是使用原型。從原型動詞 Do it at once.（立刻去做）也能看出，表示「還沒做（不知道）」的事物要用原型。如同上面的例句，「如果愛情是盲目的」是一個「還沒做（還不知道）」（不知道愛情是不是盲目的）的狀態，動詞用了原型。

也就是說，古時候表示時間、條件的副詞子句，在「不知道」的情況下會使用原型動詞的習慣，到了現代變成使用現在式，規則就是由此演變而來。像這樣去感受英語的古今脈絡，也不失為一種浪漫呢。

基本助動詞①

09

> **本課 POINT！**
>
> 所有助動詞都有 2 種意思，以及所對應的確信程度。

把「義務（請求許可）」看成1組，「推測」看成1組。

　　助動詞即表達**說話者心情**的 can、must、should 等。從心情的強弱，又可分成：**心情接近 100% 的 must、心情半信半疑的 may**，以及**完全不信的 cannot**。學習助動詞時，可以按照下列圖示，從確信程度高的 must，漸進式地學到確信程度低的 cannot，藉此提升效率。

確信程度

100%	80%	60%	50%	30%	0%
must	should	can	may	might	cannot

　　首先是第 1 點：**所有助動詞都有 2 種意思**，這在記憶上需要一些訣竅。如果我們一下記 must 是「必須做」，should 是**「應該」**，因為前者屬於「義務組」，後者屬於「推測組」，混在一起記意思會亂掉。請注意，既然 must 是**「必須做」**，表義務，我們在記 should 的時候，就要搬出同樣的**「義務組」**，記它的**「應該做」**。should 的**「應該」**屬於**「推測組」**，而 must **表推測**的意思是**「一定沒錯」**，這兩個要放在一起。「推測組」（推測事物的可能性）的部分會在 p.30 介紹。

義務（請求許可）組

　　第 1 組是**「義務組」**，詳細請參照下列表格。此外，確信程度降低時，意思就會從「義務」變成「請求許可」。

義務（請求許可）組					
must	should	can	may	might	cannot
必須做	應該做	可以做	要做也可以	△	不准做

　　must 表義務時，意思**接近命令語氣**。類似父母命令孩子「不做你就完蛋了」。

① **You must finish your homework.**

譯 你必須寫完你的作業。

　　僅次於 must 的 should 也屬於強烈語氣。絕大部分的情形下，表義務時使用 should 就夠了。

② **You should be more careful.**

譯 你應該要更當心。

　　來到 may 時，一開始的**義務性會減弱，變成請求許可**的意思。但 may 的程度也只有 50%，所以意思接近模稜兩可的「要不要做都可以」。

③ **You may go there alone.**

譯 你也可以自己去那裡。

　　might 之所以打了△，是因為 might 也有「**要做也可以**」的意思，但通常來說，表示許可的「**要做也可以**」會使用 may；might 更常用在第 2 組「推測組」，意思為「**也許**」。

知識補給站 α
　　must 有「大推」的意思！

　　當外國朋友詢問我「京都好不好玩」時，我會回答 You must go there.，請問這是什麼意思呢？

　　直譯是「你必須去那裡」，但事實上，must 也有「**大推**」的意思。「必須去！」「請一定要去！」請記得，表示「**大推**」時，也可以使用 must。

Lesson **9** 基本助動詞②

10

> **本課 POINT！**
> 介紹助動詞的第 2 個意思：**推測**。

推測組

　　助動詞的「推測組」請參照下列表格，**100% 的 must 是「一定沒錯」**；**80% 的 should 是「應該」**；程度**減少到 60% 左右的 can 是「有可能」**；**may 在這裡也是半信半疑的 50%**，即「**也許**」；**might 的程度略降至 30%**，翻譯上沒有明顯差異，通常也翻成「**也許**」；**cannot 是 0%**，所以是「**不可能**」。

表示可能性的用法					
must	should	can	may	might	cannot
一定沒錯	應該	有可能	也許	也許	不可能

　　如同 Lesson 8 所示，**must 的確信程度接近 100%，放在「義務組」是「必須做」**；放在「推測組」是「一定沒錯」，兩者的語氣都很強烈。因此，must 只會用在非常肯定的時候。

---

❶ **She must be over fifty.**

🈁 她的年紀一定超過 50 歲。

　　接下來的 **should 程度也有 80%，屬於強烈語氣**，放在「義務組」是「應該做」；放在「推測組」是「應該」，肯定程度也很高。

---

❷ **He should arrive here in three hours.**

🈁 他應該會在 3 個小時後抵達這裡。

---

can 的程度約 60%，放在「義務組（請求許可）」是「可以做」；放在「推測組」是「有可能」。cannot 因為是 0%，所以是「**不可能**」。比較下列例句就很清楚。

❸ **Anyone can make a mistake.**

譯 任何人都有可能犯錯。

❹ **He cannot be tired.**

譯 他不可能會累。

知識
補給站
α

為何 might 不帶有「過去」的意思？

　　might 是 may（也許）的過去式，但意思怎麼看呢？即使變成 might，翻譯仍是「也許」。此處的重點在於：就算寫成過去式，might 也沒有過去的意思。用百分比來表示，may 是半信半疑的 50%；might 則是程度稍微弱一點的 30%，除此之外並無時態上的分別。

　　這裡用過去式的原因跟假設語氣相同，是為了與事實保持距離。藉由跟事實拉開距離，強調「這不是真的」，使確信程度從 50% 降至 30%。

I might catch the train.

譯 我也許趕得上電車。

Lesson 10 助動詞的替換用法

11

> **本課 POINT！**
> 助動詞表主觀，助動詞的替換用法表**客觀**。

什麼叫替換用法？

助動詞的替換用法你已經在 Lesson 3 看過了，就是跟 will 意思相近的 be going to，兩者的差別在於：**will 是主觀的臨時起意，be going to 是客觀的預定計畫**。

助動詞為主觀用詞，因此需要表示客觀時，就需要替換一些詞。這部分還能舉出許多例子，如 must 的替換用法就是 have to（必須做）。must 是主觀的，可以感受到說話者的個人想法；have to 則是客觀的。例如，學校規定**學生一定要穿制服，這屬於客觀的普遍認知，這時候就要使用** have to。

❶ Students have to wear a uniform at the high school.

譯 這間學校規定學生必須穿制服。

接著是 should 的替換用法 ought to（應該）。這邊也一樣，should 表主觀，ought to 表客觀。例如，**尊敬父母屬於客觀的普遍認知，所以會使用 ought to**。

❷ You ought to respect your parents.

譯 你應該要尊敬父母。

最後是 can 的替換用法 be able to（能夠）。這裡的 can 一樣表主觀，be able to 表客觀。要特別留意它的過去式。即使是過去式，**could 一樣表主觀，was able to 表客觀**。因此，could 的意思是「**我主觀認為應該辦得到，實際上不確定**」，即「**過去有這樣的能力**」，實際上辦不辦得到就不得而知。

另一方面，因為 was able to 是客觀描述，即「**客觀上辦得到**」。因此，表示過去的「辦到」就不用 could，要用表客觀的 was able to 才行。

❸ He was able to win the game.

譯 他確實贏了這場比賽。

助動詞不會2個一起用

有一點要注意：**助動詞不能一次使用 2 個**。換句話說，英文不會出現 You will can speak English soon.（你很快就能說英語）這種句子。這時候要派助動詞的替換用法 be able to 出馬，寫成 You will be able to speak English soon. 就可以了。

**知識
補給站 α**

had better 也有警告的意思

had better（最好這麼做）也會用來當作 should 的替換用法，尤其在 You 當主詞的時候，帶有父母對孩子說教的語感，通常用在「上對下」的警告上。因此，除非是父母對孩子、上司對下屬、老師對學生等情形，否則最好不要用。

You had better apologize to your father.

譯 你最好向你的父親道歉。

Lesson 11 助動詞的重要用法

助動詞的重要用法需要動腦想一想。

may（50%）＋well（30%）＝may well（80%）

　　may well「想必會～吧」、「會～非常合理」屬於助動詞的重要用法，要特別記住。

> **①** **He may well be tired after the game.**
> 譯 他比賽後想必會很累。
>
> **②** **You may well be angry.**
> 譯 你會生氣非常合理。

　　may well 的 2 個意思，分別來自 may 的推測「也許」與請求許可的「要做也可以」。因為加了 well「非常」，所以也一併加強了 2 種意思的程度。如此一來，本來推測程度 50% 的「也許」便增強到 80%，變成「想必會～吧」；本來許可程度 50% 的「要做也可以」便增強到 80%，變成「要做非常合理」＝「非常合理」。

might as well A as B有自暴自棄的意思

　　接著是 might as well A as B「做 B 跟做 A 沒有兩樣」。B 先舉出問題行為，表達「這就跟 A 一樣糟糕」的句子脈絡，其中帶有「做 B 跟做 A 一樣糟糕（所以沒意義）」的語感。如同例句③，這句話就包含了「跟他說話也沒意義」的意思。

> **③** **You might as well talk to a wall as talk to him.**
> 譯 跟他說話，就跟對牆壁說話沒有兩樣。

would rather A than B＝would＋rather A than B

最後是 would rather A than B「與其做 B 寧可做 A」。

would 表示願望「想～」。加上 rather A than B「與其 B 寧可 A」，就變成 would rather A than B「與其做 B 寧可做 A」。

❹ I would rather stay home than go out.

譯 與其出門，我寧可待在家。

POINT

❶ **may well** ⇒ may 的50% ＋ well 的30% ＝80% 力道增強！

❷ **might as well A as B** ⇒ A 跟 B 是半斤八兩，語感自暴自棄

❸ **would rather A than B** ⇒ 願望的助動詞「想～」＋ rather「寧可」

知識補給站 α

may 也有祝福的意思

下面的例句是電影《星際大戰》的經典台詞。

May the Force be with you!

譯 願原力與你同在！

請注意，may 雖然有祝福的意思，但不見得會翻譯出來。另外，如同上述例句，may 常常倒裝放在開頭。沒有倒裝的句子是 The Force may be with you!，想要強調祝福的意思時，經常會使用倒裝句。

附帶一提，force 在一般英語名詞是「力量」的意思，但這邊是《星際大戰》世界裡的專有名詞，所以使用開頭大寫的 Force 作區別。

Part 2 助動詞

13

Lesson 12 助動詞的否定句和疑問句

本課 POINT！

請注意，助動詞的否定句屬**強烈語氣**，疑問句則是**禮貌語氣**。

留意must和have to的否定句差異

助動詞的否定句，直接**在助動詞的後面加 not** 就行了。要留意的是，must 和 have to 的否定句意思不一樣。must not 是**禁止**的意思，表示「**不可以**」；don't have to 則是**不需要、沒必要**的意思，表示「**不需要做**」。

---

1 You must not travel alone.

譯 你不可以自己去旅行。

must not

2 You didn't have to do this work.

譯 你不需要做這個工作。

don't have to

留意will的否定句

接下來是 will 的否定句 will not「**絕對不會～**」，表拒絕，非常重要，要特別記住。

---

3 He will not do his homework.

譯 他絕對不會寫作業。

will not

POINT			
1 must not	⇒	「禁止」	不可以！
2 don't have to	⇒	「不需要」	不需要做！
3 will not	⇒	「拒絕」	絕對不做！

shall的疑問句

　　助動詞疑問句的順序是：**助動詞＋主詞＋原型動詞～？**。使用 shall 的疑問**句非常重要**。Shall I ～?「**我來幫你～吧？**」用在出手幫忙的情境下。Shall we ～?「**要不要我們一起～？**」則是禮貌的邀約。

❹ Shall I open the door?

🈯 我來幫你開門吧？

❺ Shall we dance?

🈯 要不要和我一起跳舞？

may的疑問句

　　接下來是**客氣請求許可的 May I ～?**。比方說，當店員對客人說：「**需不需要幫忙呢？**」時，就會使用 May I help you?；客氣地請教名字時，也會使用 May I have your name? 等。

❻ May I have your name?

🈯 方便請教大名嗎？

知識補給站α　shall 是上天的旨意 !?

　　shall 是很硬的字，很少用在肯定句。從前太平洋戰爭爆發時，美軍將領麥克阿瑟不敵日軍的猛烈攻勢，退到菲律賓時，說過一句名言：I shall return.（我一定會回來），這邊的 shall 放在肯定句，表示「這是上天的旨意」。從這句話能感受到麥克阿瑟被迫暫時丟下部下、自己撤退的悔恨，以及無論如何都會回來的強烈決心。

Lesson 13 助動詞＋have p.p.

14

> **本課 POINT ！**
>
> 助動詞＋ have p.p. 用來表達<u>過去的推測，以及發牢騷</u>。

助動詞＋ have p.p. 有 2 種用法：**過去的推測**，以及**為過去後悔及牢騷**。我們先來看「過去的推測」。

must have p.p.「過去一定」

must 表推測的意思為「一定沒錯」，must have p.p. 就會變成「過去一定沒錯」。用來表達對過去的肯定推測。

❶ He must have been sad.

譯 他當時一定很傷心。

may have p.p.「過去也許」

接著，may 表推測的意思為「也許」，may have p.p. 就會變成「過去也許」。用來表達對過去的事情半信半疑。

❷ I may have left my umbrella on the bus.

譯 我也許把傘忘在公車上了。

cannot have p.p.「過去不可能」

最後，cannot 表推測的意思為「不可能」，cannot have p.p. 就會變成「過去不可能」。用來表達認為過去絕對不可能發生的事情。

❸ **He cannot have arrived at school by 9.**

譯 他不可能 9 點才到學校。

---

should have p.p.「過去應該～才對」

助動詞＋ have p.p. 的第 2 個用法為「**為過去後悔及發牢騷**」。should have p.p. 的意思是「**過去應該**」。「過去應該」包含了「為什麼沒做呢！」的懊惱語感。「應該要來夏威夷的」→「為什麼不來」像這樣表達對過去的牢騷。

❹ **You should have come to Hawaii.**

譯 你應該要來夏威夷的。

POINT
❶ must「一定沒錯」
❷ may「也許」 ＋ **have p.p.**「過去～」＝
❸ cannot「不可能」
❹ should「應該」

「過去一定」
「過去也許」
「過去不可能」
「過去應該」

知識
補給站
α　**助動詞＋ have p.p. 常出現省略句 !?**

助動詞＋ have p.p. 常出現在對話裡，只是常常都是省略句。must have p.p. 會變成 must've p.p.；should have p.p. 會變成 should've p.p.，大概是這種感覺。發音聽起來類似「馬斯特夫」、「修得夫」。

先知道有這樣的省略句，實際上聽口語發音時，就能把每個字都聽清楚。

Part2 助動詞總整理

Lesson 8、9基本助動詞

	must	should	can	may	might	cannot
義務組（許可）	必須做	應該做	可以做	要做也可以	△	不准做
推測組	一定沒錯	應該	有可能	也許	也許	不可能

Lesson 10 助動詞的替換用法

❶ must ⇒ **have to**　　❷ should ⇒ **ought to**　　❸ can ⇒ **be able to**
＊ **had better** 為警告；「辦得到～」要用 **was able to**！

Lesson 11 助動詞的重要用法

• may well 80%「想必會～吧」、「會～非常合理」
• might as well A as B 表自暴自棄「做 B 跟做 A 沒有兩樣」
• would rather A than B 願望的 would ＋ rather「寧可」
　　　　　　　　　　「與其做 B 寧可做 A」

Lesson 12 助動詞的否定句和疑問句

• must not「禁止」　　• don't have to「不需要」　• will not「拒絕」
• Shall I ～?「出手幫忙」• Shall we ～?「客氣邀約」• May I ～?「請求許可」

Lesson 13 助動詞＋ have p.p.

• **must have p.p.**「過去一定」
• **may have p.p.**「過去也許」
• **cannot have p.p.**「過去不可能」
• **should have p.p.**「過去應該」

COLUMN

英文文法專欄②

表達命令、要求、建議的that子句的祕密

　　英文文法的世界有一條重要規則，即：表達命令、要求、建議的 that 子句要用原型動詞，或 should ＋原型動詞。

　　如同下面的例句，動詞 order（命令）為受詞，放在 that 子句裡，動詞要用原型或 should ＋原型動詞。

例 I ordered that you leave early.

譯 我已經命令你要早點出發。

　　句子裡的 ordered 為過去式。本來按照時態一致的規則，that 子句裡的動詞也該使用過去式，但「表達命令、要求、建議的 that 子句」卻打破了這條規定。

　　為什麼會有這種破例呢？我再舉個例子，當我們要說「請快點出發」時，英文會說 Leave early.，發現和上述例句的共同點了嗎？兩者都使用了原型動詞 leave 對別人發出命令。是的，對英語母語圈人士來說，表達命令、要求、建議的 that 子句，看起來是命令句，所以才會使用原型動詞。仔細觀察就會發現，規則裡提到的命令、要求、建議，全都與命令有關。要求是比較委婉的命令，建議則是更委婉的命令。附帶一提，會使用原型動詞的是美式英語，英式英語會用 should ＋原型動詞。

　　因為是尚未實現的事情，所以也可看作是一種假設語氣。英語表達假設時，也會使用助動詞的過去式 should。

Lesson 14 假設語氣的過去式及過去完成式

 16

> **本課 POINT！**
> 假設語氣的過去式，會使用比本來的時態早 1 階的時態。

假設語氣屬於幻想的世界

　　假設語氣用來表達並非事實的情境。例如「假如我是鳥，我就能在天上飛」這個句子，這邊的「我」是人，並不是鳥，**內容並非事實**。這在英語就稱作假設語氣。

❶ If I were a bird, I could fly in the sky.

譯 假如我是鳥，我就能在天上飛。

假設語氣的過去式→現在的幻想

　　假設語氣的時態可分為 2 大類：即**過去式**和**過去完成式**。請先建立一個認知：**假設語氣的過去式，等於現在的幻想**。如同例句❶，「假如我是鳥」就是現在的幻想。

　　我們先認出假設語氣的特徵 if，從 if 到逗號之前的 **if 子句使用過去式**，逗號後面的**主要子句使用助動詞的過去式＋原型動詞**。「子句」是一個句子裡面，單指一件事情的小句子，if 子句就是從 if 開始到逗號之前的內容，主要子句則是逗號開始直到句號的所有內容。如同 Lesson 2 教的過去式用法，假設語氣也會藉由使用過去式，來與事實保持距離，藉此強調「這並非事實喔」。因此，現在的幻想也會使用過去式。

　　假設語氣過去式的 be 動詞，通常**會使用 were**。即使主詞是 I 也不會用 was，而是用 were。因為它並非一般的過去式，而是用過去式來強調：「我只是想想而已！」

假設語氣的過去完成式→過去的幻想

　　接著是假設語氣的過去完成式，這就是用來指**過去的幻想**了。寫法是：**If 子句使用過去完成式，主要子句使用助動詞的過去式＋ have p.p.**。這是**藉由使用比過去式更早的時態，來表達「這並非事實喔」，所以使用過去完成式**。例如「當時我要是和你在一起，你就不會那麼做了」就是過去的幻想，所以使用過去完成式。

2 **If you** had been **with me, you** would not have done **such a thing.**

(譯) 當時我要是和你在一起，
　　 你就不會那麼做了。

POINT	假設語氣的 if 與主要子句的特徵		
	本來的時態	if 子句的特徵	主要子句的特徵
假設語氣的過去式	現在	過去式	助動詞的過去式＋原型動詞
假設語氣的過去完成式	過去	過去完成式	助動詞的過去式＋ have p.p.

知識
補給站
α

假設語氣的時態混用

　　假設語氣也會出現：**if 子句使用過去完成式，主要子句使用過去式**的時態混用法。例如「當時要是～，現在應該～吧」這種幻想，就是表達「當時要是聽從他的建議，現在應該……」的意思。

If I had taken **his advice then, I** would be **happier now.**

(譯) 當時要是聽從他的建議，現在應該會更幸福吧。

Lesson 15 如果沒有～

 17

本課 POINT！

「如果沒有～」有 4 種句型可用。

If it were not for～／if it had not been for～

假設語氣裡常常出現「**如果沒有～**」的句型，英文有 If it were not for ～、if it had not been for ～ 可用。此外，這個句型也能放在「如果現實當中有的東西消失了會怎麼樣」的文脈裡。

were 為過去式，換成 had not been 就會變成過去完成式。如此一來，**就能把假設語氣的過去式（現在的事）If it were not for ～ 變成假設語氣的過去完成式（過去的事）if it had not been for ～**。例如表達「如果沒有水，人就無法生存」這樣的現在幻想時，就可以寫成 If it were not for water, we could not live.。

另一方面，表達「如果沒有下雨，我就能趕上了」的**過去幻想**時，則可寫成 If it had not been for the rain, I would have been on time.。

---

❶ If it were not for water, we could not live.

🔤 如果沒有水，人就無法生存。

If it were not for

如果沒有 💧

---

❷ If it had not been for the rain, I would have been on time.

如果沒有下雨，我就能趕上了。

If it had not been for

如果沒有 ☂

---

without～／but for～

接著來學贊同用法，即 without ～、but for ～「如果沒有～」。這個用法沒有時態之分，可任意和 If it were not for ～、if it had not been for ～做替換。

③ Without your help, I could not have won the prize.

譯 如果沒有你的幫忙，我無法贏得這個獎項。

④ I wouldn't have finished the task but for your help.

譯 如果沒有你的幫忙，我無法完成這項工作。

POINT

「如果沒有～」 →
❶ if it were not for ～
❷ if it had not been for ～
❸ without ～
❹ but for ～

在感動的場合使用倒裝句

假設語氣的 if 子句經常倒裝。這邊說的倒裝，指的是省略 if，改用問句的語順。

特別是「如果沒有～」，這個句型最常倒裝。If it were not for ～的倒裝句為 were it not for ～；If it had not been for ～的倒裝句為 had it not been for ～。倒裝句可以用來表現情緒張力，此外也常用在感動的演講場合。從下面的例句，是不是能想像那感人的畫面呢？

Were it not for you, I could not live.

譯 如果沒有你，我恐怕已經不在人世了。

Part 3 假設語氣

Lesson 16 I wish S V.

18

本課 POINT !

I wish 是假設語氣，用來表達**不容易實現的願望**。

hope和wish的差異

首先要知道，I wish S V. 的意思是「S 希望 V」＝「S 要是能 V 就好了」。我們來比較以下 2 個例句：

> ❶ **I hope I will have a date with her.**
> 譯 我想跟她約會。
>
> ❷ **I wish I had a date with her.**
> 譯 要是能跟她約會就好了。

翻譯後雖然不明顯，但例句❶屬於一般敘述句。由此可知，I hope S V. 用在「實際上辦得到的事情上」；另一方面，I wish S V. 則用在「**實際上難以辦到的事情上**」。因為內容「並非事實」，所以 I wish 的後面接的是假設語氣。

V的時態比本來的時態早1階

下一個問題：假設語氣應該放在哪裡呢？答案是 I wish S V. 的 V。這裡的時態要**比本來的時態早 1 階**。簡單來說，**「現在的幻想」用過去式，「過去的幻想」用過去完成式**，這樣記就對了。

> ❸ **I wish I knew her address.**
> 真希望我知道她的地址。
>
> ❹ **I wish I had bought the comic.**
> 譯 真希望我當時有買那本漫畫。

I wish S V.
↑
更早的時態

另外，過去式的位置可以放 could ＋原型動詞；過去完成式的位置可以放 could have p.p.。

---

⑤ I wish I could buy that car.

譯 真希望我能買那輛車。

⑥ I wish I could have traveled abroad then.

譯 真希望我當時有去國外旅行。

POINT

① I hope 用在認為辦得到的時候！

② I wish 用在認為辦不到的時候！　⇒　假設語氣！

知識補給站 α

wish 也有祝福的意思

I wish SV. 用在基本上認為辦不到的事情上，如同前面的說明，假設語氣用的時態，要比本來的時態早 1 階。同時，名詞 wish 也有向不可能之事祈願之意。那麼，下面的例句又是怎麼一回事呢？

We wish you a Merry Christmas.

譯 祝你耶誕快樂。

wish 也有祝福的意思，寫成 wish O₁ O₂「O1 向 O2 祝福」。這和能不能實現沒有關係。事實上，我們常聽到的 Good morning! 也是從祝福句 I wish you a good morning.（祝你有個美好的早晨）縮短而成，最後變成固定的早安語。

假設語氣

Part 3

Part 3 假設語氣

Lesson 17 假設語氣的重要用法

19

> **本課 POINT！**
>
> as if 和 it is time 的後面也是接假設語氣。

as if「彷彿～」

　　as if～放在句子後面，翻譯成「彷彿～」，用在「實際上並非如此，但感覺很類似」的情境下。因為「不是事實」，所以一樣屬於假設語氣。

　　as if 的句型寫法為：V 的時態比主要子句的動詞早 1 階。例如「看他說話的樣子，彷彿知道會發生什麼事」這一句，主要子句的動詞「正在說話」和 as if 後面的「發生」位在同一時間點，假設語氣就要用早 1 階的過去式 knew。

---

❶ He talks as if he knew what happened.

譯 看他說話的樣子，
　　彷彿知道會發生什麼事。

　　再看例句❷，由於主要子句的動詞 looked 有時態變化（不是強調當下的表情，而是之前看了恐怖電影），假設語氣就要用早 1 階的過去完成式 had seen。

---

❷ He looked as if he had seen a horror movie.

譯 他的表情彷彿看見了恐怖電影。

It is time S V.「S是做V的時間」

　　接著來看 It is time S V.，即「S 是做 V 的時間」。It 指時間，跟 It's time for dinner.（晚餐的時間到了）是一樣的用法，用在催促還沒發生的事情上，所以使用假設語氣。假設語氣的寫法為：V 的時態要用「比現在早 1 階」的過去式。因為是現在發生的事，假設語氣只會出現過去式。

❸ **It is time you took a bath.**

譯 洗澡的時間到了喔。

此外，time 的前面也會放 about 或 high 等形容詞。分別是 It is about time S V.「S 做 V 的時間差不多到了」，以及 It is high time S V.「S 做 V 的時間早就到了」。

❹ **It is about time you went to bed.**

譯 你差不多該睡覺了。

❺ **It is high time you ate dinner.**

譯 吃晚餐的時間早就到了。

知識補給站 α   **當未來假設成真的機率很低時**

假設語氣的第 3 個時態叫**未來假設**，會在 if 子句裡使用 were to do 或 should，兩個都用來表示未來的可能，但 were to do 專門用在幾乎不可能發生的事情上，像是「如果太陽消失了」等。

If the sun were to disappear, what would happen?

譯 如果太陽消失了，會發生什麼事？

接著，表示「預防萬一」時，會在 if 子句裡使用 should，主要子句常是命令句。

If he should visit me, tell him I'm out.

譯 萬一他來拜訪我，告訴他我不在家。

Lesson 14 假設語氣的過去式及過去完成式

	本來的時態	if 子句的特徵	主要子句的特徵
假設語氣的過去式	現在	過去式	助動詞的過去式＋原型動詞
假設語氣的過去完成式	過去	過去完成式	助動詞的過去式＋ have p.p.

＊假設語氣也會時態混用，在 if 子句表示過去的事，在主要子句表示現在的事。

Lesson 15 如果沒有～

if it were not for ～　　　倒裝時　⇒　were it not for ～

if it had not been for ～　　倒裝時　⇒　had it not been for ～

without ～／ but for ～

Lesson 16　I wish S V.

用假設語氣表達難以辦到的願望，V 的時態比本來的時態早1階！

Lesson 17 假設語氣的重要用法

• as if「彷彿～」⇒　～的部分時態早1階

• It is time S V.「S 是做 V 的時間」⇒　V 用過去式

• if 子句裡用 were to do、should　⇒　表幾乎不可能發生的妄想

英文文法專欄③
if不是假設語氣的辨識標誌

我們來比較下面 2 個例句：

---

❶ If it is fine tomorrow, we will go on a picnic.

譯 如果明天是晴天，我們應該會去野餐吧。

❷ If I were a bird, I could fly to you.

譯 如果我是一隻鳥，就能飛到你身邊。

　　兩句雖然都用了 if，但例句①只是一般敘述句，例句②才是假設語氣，兩者在英語的分類上完全不同。由此可看出，我們**不能把 if 當作假設語氣的辨識標誌**。

　　第 1 句因為**「明天有可能是晴天」**，所以用了一般敘述句；第 2 句因為**「我不可能變成鳥」**，所以用了**假設語氣**。接著，請看以下 2 個例句，思考它們分別是哪種句子。

---

❸ A gentleman would not say such a rude thing.

譯 紳士說話不會那麼沒禮貌。

❹ Without water, we could not live.

譯 少了水我們就活不下去。

　　例句❸的意思是說，正因為不是紳士，說話才會那麼沒禮貌，所以，即使句子裡沒有 if，它依然是假設語氣。例句④的意思是說，假如實際上沒有水會發生什麼事，所以也是沒有 if 的假設語氣。

　　各位發現例句❷、❸、❹的共同點了嗎？沒錯，重點在助動詞 could、would、could，這些助動詞都用了過去式。由此可知，**助動詞的過去式**才是假設語氣的辨識標誌。

Lesson 18 組成句子的基本要素

21

> **本課 POINT！**
> 了解「組成句子的基本要素」與「詞類」之間的重要關係。

搞懂 S、V、O、C、M

想要看懂英文句型，就要**先了解英文句型是怎麼組成的**。以「作用」來分類的詞，即是組成句子的基本要素，主要分成：S（主詞）、V（動詞）、O（受詞）、C（補語）、M（修飾語）。

主詞寫成 S（Subject），指**句子的主題**，如 I got a new car.（我買了新車）裡的 I。

動詞寫成 V（Verb），**描述主詞的動作**，通常放在 S 的後面，會配合時態和主詞進行變化。如 I got a new car. 裡的 got。

受詞寫成 O（Object），通常放在 V 的後面，**表示動作的對象**，如 I got a new car. 裡的 a new car。

補語寫成 C（Complement），用來**加以說明主詞及受詞**。在英文 5 大句型的**句型 2（S V C）及句型 5（S V O C）都會用到**。如 I am a student（我是學生）裡的 a student。

修飾語寫成 M（Modifier），**不包含在句型當中**。如 The sun rises in the east.（太陽從東方升起）裡的 in the east.。

POINT

組成句子的基本要素 →

1. **S** = 主詞 句子的主題
2. **V** = 動詞 主詞的動作
3. **O** = 受詞 動作的對象
4. **C** = 補語 說明主詞及受詞
5. **M** = 修飾語 不算在句型內

上述主詞、動詞等，稱作「**組成句子的基本要素**」，按照「作用」來分類。另一種稱作「**詞類**」，如名詞、形容詞等，按照「**單字的性質**」來分類。而動詞既是一種基本要素，同時也是一種詞類。

只有名詞可以當作主詞

　　本課的重點即：釐清組成句子的「基本要素」與「詞類」之間的相關知識。只要把這部分搞懂，就能從下一課起正式學習英文句型了。我們先從最簡單的部分打好地基吧。

　　首先，**只有一種詞類能當主詞，那就是「名詞」**。記住這一點有很多好處，舉例來說，我們來看下面的例句，請問句子裡的 S 和 V 分別是什麼呢？

例 **There is a cat at the door.**

門前有隻貓。

　　There 放在開頭，容易讓人誤以為它是主詞，實際上並不是。**There 是副詞，無法當作主詞**。is 是動詞，a cat 是名詞，它才是這個句子的主詞。There be 屬於特殊句型，為 S V 位置相反的倒裝句。

例 **There is a cat at the door.**
　　　　V　　S　　　　M

　　以下為句子基本要素與詞類關係的總整理。

> **POINT**
>
> 　　　　　基本要素　　　　　　　　詞類
> ❶ 主詞（S）　　⇒　只能是**名詞**
> ❷ 受詞（O）　　⇒　只能是**名詞**
> ❸ 補語（C）　　⇒　只能是**名詞**或**形容詞**
> ❹ 修飾語（M）⇒　由**副詞及前置詞（註）**組成

※註：Preposition，一種介系詞，本書為文法書，作者使用較精確的「前置詞」稱之。

22

Lesson 19 句型1（SVM）

[本課 POINT ！

想要判斷句型，必須**先搞懂什麼是 M（修飾語）**。]

不要忽略句子裡的M（修飾語）

句型 1 是最單純的句子，由 S 和 V 所組成。英文裡的確存在著僅由 S 和 V 組成的句子，如 Time flies.（光陰似箭），但僅限特定俗語，實際上，絕大部分的 S V 後面都會接修飾語 M。

舉例來說，英文裡不常出現 I run 這種僅由 S 和 V 組成的句子，通常後面會加上地點 in the park（在公園）等資訊。in the park 用來修飾 run（跑），所以是 M。

❶ **I run in the park.**
　S V　　　M

譯 我在公園跑步。

那麼，除了地點之外，還想**多表達時間時**，我們應該怎麼做呢？以 every morning（每天早晨）來舉例，時間會接在地點的後面。

❷ **I run in the park every morning.**
　S V　　　M　　　　　　M

譯 我每天早晨在公園跑步。

下面的例句，我們也要仔細看懂句型，才能把文法學好。

❸ **I always walk to my school.**
　S　 M　　 V　　 M

譯 我總是走路去上學。

留意M（修飾語）才能掌握正確句型

　　這一句裡的 always（總是）是表示頻繁程度的副詞，不算在句型內，所以是 M。to my school 是前置詞片語，一樣不算在句型內，所以也是 M。如此一來，我們就能清楚看出 I walk 的 S V 句型了。

　　下一句，我們同樣留意著 M 來做句型分析。

❹ **The children played happily on the floor.**
　　　S　　　　　V　　　 M　　　　M

譯 這些孩子在地上開心地遊玩。

　　ly 結尾的字幾乎都是副詞，因此 happily 是副詞，屬於 M。on the floor 是前置詞片語，所以也是 M。如此一來，我們就能看出 The children played 的 S V 句型了。

　　綜觀下來，你會發現其實不限句型 1，想要學好英文文法，**了解 M（修飾語）長什麼樣子至關重要**。只要挑出 M，英文句型就會變得一目了然。

POINT 哪些字可以當作 M
❶ 前置詞片語　　　　　in the park, to my office, on the floor 等
❷ 表時間的副詞　　　　every morning, yesterday, now 等
❸ 表頻繁程度的副詞　　always（總是）、sometimes（有時）等
❹ 描述狀態的副詞　　　happily（愉快地）、carefully（小心地）等

知識補給站 α　句型 1 的同伴

　　p.53 曾提到特殊句型 There be，它是句型 1 的同伴，在這邊介紹給大家。be 動詞是 V，後面接名詞 S。乍看雖然具備句型 1 的架構，但 There be 仍是一個獨立的句型，用來表示「在哪裡有什麼」。

There are many chairs in the restaurant.
　　　 V　　 S　　　　　　 M

譯 這家餐廳裡有許多椅子。

23

Lesson 20　句型2（ＳＶＣ）

> **本課 POINT！**
> Ｓ＝Ｃ是句型 2 的最大特徵。

句型2要看主詞＝補語的關係

　　句型 2 的排列順序為 ＳＶＣ，Ｃ 為補語，主要的作用是補充說明 S。詞類裡面，只有名詞和形容詞能當作補語。句型 2 的最大特徵為 Ｓ＝Ｃ。我們來看下面 2 個例句，並仔細留意橘色單字的意思。

---

❶ He got to the station.

❷ He got angry.

　　這 2 句的動詞都是 get，**但要仔細辨識句型，才能精準解讀語意**。我們先從句型來看。例句❶的 He got 為 ＳＶ，to the station 為前置詞片語，所以是 Ｍ，由此可知，它是 ＳＶＭ，屬於句型 1。

　　例句❷的 He got 為 ＳＶ，angry 是 He（他）＝ angry（在生氣），為 Ｓ＝Ｃ的關係，所以是 ＳＶＣ，屬於句型 2。

如何辨別句型1和句型2

　　重點來了，get 放在句型 1，意思為「抵達」；放在句型 2，意思則是「變成～」，同樣的字放在不同的句型，意思會變得不一樣。因此，這 2 句的譯文如下：

---

❶ He got to the station.　　譯 他抵達車站了。
　　Ｓ　Ｖ　　　　Ｍ

❷ He got angry.　　譯 他生氣了。
　　Ｓ　Ｖ　　Ｃ

　　思考看看，下面 2 個例句套色的單字分別是什麼意思。

❸ He looked **at the dog.**

❹ He looked **happy.**

　　我們先來看句型吧。例句③的 He looked 是 S V，at the dog 是前置詞片語，所以是 M，整個句子為 S V M，屬於句型 1。例句④的 He looked 一樣是 S V，但 happy 是 He（他）＝ happy（快樂），為 S ＝ C 的關係，所以是 S V C，屬於句型 2。

　　look 放在句型 1 是「看」的意思，放在句型 2 是「看起來」的意思。請記住，look at 是「看～」，look C 是「看起來 C」，兩者意思並不相同。

❸ He looked at the dog.　譯 他看著這隻狗。
　　S　　V　　　　M

❹ He looked happy.　譯 他看起來很快樂。
　　S　　V　　C

　　讀到這裡，你應該了解學習句型的重要性了。**動詞在不同的句型裡，會出現不一樣的意思**，學英文一定要看懂句型。

> POINT　句型2的特徵　S ＝ C！
> get　→　在句型1為「抵達」；在句型2為「變成～」
> look　→　在句型1為「看～」；在句型2為「看起來～」

句型 2 會用的動詞

　　知道哪個句型會用哪一種動詞，是學句型很重要的一件事。尤其在句型 2，動詞跟 C 是綁在一起的，最好兩個一起記。如同本課所教，get C 的意思是「變成～」，**這類跟「變化」有關的動詞，常常能在句型 2 裡看見**。
　　舉例來說，become C、turn C、grow C，它們全是「變成 C」的意思。此外，本課出現過的 look C 等表示感覺的動詞，也常常能在句型 2 裡看見。taste C 是「嚐起來有 C 的味道」、sound C 是「聽起來像 C」、feel C 是「感覺像 C」、smell C 是「聞起來像 C」……以此類推。

Lesson 21 句型3（SVO）

24

句型3的主詞≠受詞

　　句型 3 和句型 2 都是由 3 個句子的基本要素所構成，兩者都是 S V 的後面再接 1 個基本要素，因此，我們要特別留意後面這個要素哪裡不同。

　　如同我在 Lesson 20 所教的，**句型 2 的重點為 S ＝ C，句型 3 則是 S ≠ O**。我們來看下面 2 個例句，並仔細留意套色單字的意思。

> ❶ **He** became **a doctor.**
>
> ❷ **His hat** becomes **him well.**

　　例句❶的 He became 為 S V，且 He ＝ a doctor，所以 a doctor 是 C，整個句子為 S V C，屬於句型2。例句 ❷ 的 His hat becomes 為 S V，但 His hat ≠ him，所以 him 是 O，well 則是 M，整個句子為 S V O，屬於句型 3。

　　become 在句型 2 的意思為「變成～」；在句型 3 的意思為「很適合」。

> ❶ **He became a doctor.**　　 ⊕ 他成為了醫生。
> 　　S　　V　　　C
>
> ❷ **His hat becomes him well.**　 ⊕ 他很適合戴帽子。
> 　　S　　　V　　　O　　M

如何辨別句型2和句型3

　　思考看看，下面 2 個例句的橘色單字分別是什麼意思。

❸ **These trees grow tall.**

❹ **Japanese grow rice traditionally.**

　　例句❸的 These trees grow 為 S V，且 These trees = tall，所以 tall 是 C，整個句子為 S V C，屬於句型 2。例句❹的 Japanese grow 為 S V，但 Japanese t ≠ rice，所以 rice 是 O，traditionally 則是 M，所以是句型 3。

　　grow 在句型 2 的意思為「成為（成長）～」；在句型 3 的意思為「栽種」。

❸ <u>These trees</u> <u>grow</u> <u>tall</u>. 📘 這些樹會長高。
　　　　S　　　　V　　　C

❹ <u>Japanese</u> <u>grow</u> <u>rice</u> <u>traditionally</u>.
　　　　S　　　V　　　O　　　M

📘 日本人的傳統是栽種稻米。

POINT　句型2和句型3的差別
　　　　　句型2為 S = C
　　　　　句型3為 S ≠ O

---

 run 不是只有「跑步」的意思 !?

　　我們已經學會如何區別句型 2 和句型 3 了。接著，請思考下面 2 個例句的橘色單字分別是什麼意思。

A：He ran for three hours.
B：He ran the company.

　　A 的 He ran 是 S V，for three hours 是 M，屬於句型 1。B 的 He ran 是 S V，且 He ≠ the company，所以 the company 是 O，屬於句型 3。

　　run 在句型 1 的意思為「跑」；在句型 3 的意思為「經營」。因此，例句 A 的翻譯為「他跑了三小時」，例句 B 的翻譯為「他經營這家公司」。

Lesson 22 句型4（S V O1 O2）

25

[本課 POINT！

句型 4 有「給予」和「奪走」2 種意思。]

看見give就知道後面會接O₁ O₂

學習句型 4 最重要的是：**了解句型 4 會出現什麼動詞，並在看到該動詞的當下就知道後面會出現 O₁ O₂**。請思考下面例句的橘色單字是什麼意思。

---

① I will **give** my daughter some presents tomorrow.

看見 give，我們便能預料後面會接 O₁ O₂。my daughter 是 O₁，some presents 是 O₂。give O₁ O₂ 即「把 O₂ 給 O₁」的意思。

---

① I will give my daughter some presents tomorrow.
  S   V   O₁   O₂   M

譯 我打算明天把禮物送給女兒。

看見tell就知道後面會接O₁ O₂

我們繼續思考下面例句的橘色單字是什麼意思。

---

② He **told** us goodbye.

---

told 是 tell 的過去式，**看見 tell，我們便能預料後面會接 O₁ O₂**。us 是 O₁，goodbye 是 O₂。**tell O1 O2 即「把 O₂ 告訴 O₁」**的意思。

---

② He told us goodbye.
  S   V   O₁ O₂

譯 他跟我們說再見。

看見lend就知道後面會接O₁ O₂

我們繼續思考下面例句的橘色單字是什麼意思。

> ❸ **I** lent **her my car.**

lent 是 lend 的過去式，**看見 lend，我們便能預料後面會接 O₁ O₂**。her 是 O₁，my car 是 O₂。lend O1 O2 即「把 O₂ 借給 O₁」的意思。

> ❸ I lent her my car.
> S   V   O₁   O₂

譯 我把車借給她。

其他還有：teach O₁ O₂ 即「把 O₂ 教 O₁」；buy O₁ O₂ 即「把 O₂ 買給 O₁」；show O1 O2 即「把 O₂ 秀給 O₁ 看」等慣用句，這些全是句型 4 的代表句子。

看懂句型4的本質

最後總結句型 4 的本質，**我們可從最常用到的動詞give發現「給予」這個特質**。tell 是「告訴」，即**給出情報**；lend 是「借」，即**有期限的給予**；teach 是「教」，即**授予知識**；buy 是「買給」、show 是「出示給」，它們都有**給予**的意思。

知識補給站 α　句型 4 的相似同伴

請思考下面 2 個例句的套色單字及句型。

> **A：It** took **me a lot of time to get to the station.**
> **B：It** cost **me a lot of money to buy the watch.**

儘管句型 4 在多數情況下表示「給予」，但也有例外，如 take 和 cost 就是意思相反的「奪走」。

例句 A 的 it 為形式主詞，指 to 後面的句子，本句直譯為「去車站奪走了我許多時間」＝「我花了許多時間去車站」。例句 B 直譯為「買這支手錶奪走了我許多錢」＝「我花了許多錢買這支手錶」。我們通常會直接記 It takes～．為「花時間」；It costs～．為「花錢」，原因便來自句型 4。事實上，take O₁ O₂ 即「從 O₁ 奪走 O₂（時間）」、cost O₁ O₂ 即「從 O₁ 奪走 O₂（金錢）」，這樣懂了吧。

Part 4 句型

Lesson 23 句型5（SVOC）

26

> **本課 POINT！**
> 句型 5 為 O ＝ C 及**聯動**（nexus）關係。

動詞的意思由句型決定

請一面留意句型，一面思考以下 2 個例句的意思。

> ❶ **I found the car key.**
>
> ❷ **I found the movie interesting.**

首先，兩句的 I found 都是 S V。例句❶的 the car key（汽車鑰匙）為名詞，作受詞用，整句為 S V O，句型 3。find 在句型 3 的意思為「找」。

> ❶ **I found the car key.**
>   S   V   O
>
> 譯 我找到汽車鑰匙。

接著來看例句❷，the movie 是 O，interesting 是 C。find O C 即「O 認為 C」，屬於句型 5。例句❶、❷的動詞一樣是 find，但在不同的句型裡，意思會變得完全不同。find 在句型 3 的意思是「找」；在句型 5 是「認為」。

> ❷ **I found the movie interesting.**
>   S   V   O   C
>
> 譯 我認為這部電影很有趣。

以下請繼續留意句型，同時思考語意。

> ❸ **My sister made dinner for me.**
>
> ❹ **My sister made me happy.**

兩句的 My sister made 都是 S V。例句❸的 dinner 為 O，for me 為 M，屬於句型 3。make 在句型 3 的意思是「做」。

❸ **My sister made dinner for me.**
　　　S　　　　V　　　　O　　　　M

譯 我的姊妹為我做晚餐。

例句❹的 me 為 O，happy 為 C。make O C 即「把 O 變成 C」，屬於句型 5。例句❸、❹的動詞一樣是 make，但 **make 在句型 3 是「做」；在句型 5 是「把 O 變成 C」**，兩者的意思完全不同。

❹ **My sister made me happy.**
　　　S　　　　V　　　O　　C

譯 我的姊妹帶給我好心情。

看懂句型5的本質

既然例句❷和例句❹都是句型 5，請問它們之間有什麼共同點呢？例句❷是 the movie＝interesting；例句❹是 me＝happy。沒錯，**句型 5 的重要特徵就是 O＝C。**

聯動（nexus）關係

下面這兩句也會分類到句型 5。I saw my mother enter the building.（我看見媽媽走進建築物裡）及 I heard someone call my name.（我聽見有人在呼喚我的名字）。那麼，這兩句也是 O＝C 的關係嗎？

事實上，句型 5 的 O＝C，只有在 C 是名詞或形容詞的時候才會成立，其他情況下，O 和 C 會以 S V 關係的方式出現。第一句的 my mother enter 即為 S V 關係，下一句的 someone call 也是 S V 關係。這種在句子本身的 S V 以外出現的 S V 關係，稱作「nexus 關係」，在英文文法裡是相當重要的觀點。

Part4 句型總整理

Lesson 18 組成句子的基本要素

- S ＝ 主詞 句子的主題 ⇒ **只能是名詞**
- V ＝ 動詞 主詞的動作
- O＝ 受詞 動作的對象 ⇒ **只能是名詞**
- C ＝ 補語 說明 S 及 O 受詞 ⇒ **只能是名詞或形容詞**
- M＝ 修飾語 不算在句型內 ⇒ **由副詞及前置詞組成**

Lesson 19 ～ 25 句型1 ～句型5

- 句型1　S V M ⇒ **There be ～ 為句型1的同伴**
- 句型2　S V C ⇒ **S ＝ C**
- 句型3　S V O ⇒ **S ≠ C**
- 句型4　S V O_1 O_2 ⇒ **有「給予」及「奪走」2種意思**
- 句型5　S V O C ⇒ **C 為名詞或形容詞時 O ＝ C；
不是的話，O 和 C 會呈現 S V 關係**

英文文法專欄④

句型亂掉了嗎!?

27

請一面留意句型，一面思考以下 2 個例句的意思。

> **❶ On the hill stood an old temple.**
>
> **❷ Impossible is nothing.**

句型也有例外，例如 S V 位置相反的**倒裝句**，如同我在 p.55 頁所提到的，There be 句型也是一種 S V 的倒裝句。

句型 1 的 S V M 倒裝過來會變成 M V S，M 會放在前面，S V 的位置也會反過來。像例句❶，On the hill 為前置詞片語，所以無法當作 S，而是 M（補充修飾之用）。接下來的 stood 是 V，an old temple 才是名詞，所以是 S。

> **❶ On the hill stood an old temple.**
>   M   V   S
>
> 譯 山丘上有一座古老寺院。

接著來看例句❷，這是句型 2 的倒裝句，從 S V C 倒裝成 C V S。開頭的 Impossible 為形容詞，無法當作主詞。形容詞只能用來修飾名詞，或是當作補語。例句❷ Impossible 後面的 is 為動詞，所以不是用來修飾名詞的，所以，Impossible 只能是補語 C。is 為動詞，nothing 為名詞，所以是主詞。

> **❷ Impossible is nothing.**
>   C   V   S
>
> 譯 沒有什麼是不可能的。

句型 1 和句型 2 的倒裝句常常出現，學句型的時候，請特別記住 M V S、C V S 這兩個句型。

Part 5　被動語態

Lesson 24　被動語態的寫法

28

本課 POINT！

被動語態用在**動作者不明**，以及**沒必要說主詞**時。

被動語態：把主動語態裡的受詞當作主詞用

被動語態是主動語態的相對語。在一般的句型裡，主動語態是指 Someone stole my bag.（有人偷了我的包包）這樣的句子。被動語態會把它改成被動句，變成 My bag was stolen by someone.

〔主動語態〕　**Someone stole my bag.**
↓
〔被動語態〕　**My bag was stolen by someone.**

改成被動語態的第一步：**把本來句子裡的受詞拉到前面當主詞**。如同上方例句，my bag 是受詞，在被動語態的句子裡變成了主詞。下一步：**把動詞改成 be 動詞＋過去分詞**。如同上方例句，stole 變成了 was stolen。最後：**在本來的主詞前面加上 by，合成一組放在句子的後面**，只是這一步經常省略。

POINT

Someone stole my bag.　→　My bag **was stolen**（by someone）.
❶ 把**受詞**改成主詞
❷ 把動詞改成 **be 動詞＋過去分詞**
❸ 在主詞前面加上 by，合成一組放在句子的後面（可以省略）

看懂被動語態的本質

事實上，by 後方省略才是使用被動語態的一大主因。由於被動語態**常用在「動作者不明」**的時候，所以本來就會省略主詞 someone。**譬如東西被偷時，我們多半不知道是誰偷的**，所以會用被動語態。接著，請看以下例句。

❶ Many books are sold at that store.

譯 書店裡販賣著許多書。

在這個句子裡，賣書的人是誰呢？不用說，**當然是書店店員**。如同例句❶、❷，當**動作者泛指一般人**，或是**不需要特別說明的情形**，英文就會使用被動語態。

❷ This room is not used today.

譯 這個房間今天沒人使用。

知識補給站 α **被動語態會在什麼情況下不省略 by**

那麼，被動語態會在什麼情況下刻意寫出 by 之後的句子呢？那就是用來強調時。

The window was broken by a young boy.

譯 打破窗戶的是一個小男孩。

在不知道犯人是誰的情況下，由目擊者轉述狀況的時候，就會把句子完整地寫出來。由此可知，基本上省略 by 的被動語態，會在需要強調重要訊息時，刻意把 by 寫出來。

Lesson 25　句型4、句型5的被動語態

29

> **本課 POINT ！**
>
> 句型 4 的 O_2 跟句型 5 的 C 直接沿用。

　　Lesson 24 教的被動語態，是在假設為句型 3 的前提下進行說明，比較難的是句型 4 和句型 5 的被動語態。

句型4的被動語態

　　句型 4（S V O_1 O_2）和句型 5（S V O C）的被動語態有一個共同點，即兩者都是以 O 當作起頭主詞。請看下面例句。

---

❶ My wife gave me a nice present.
　　　S　　　V　　O_1　　　　O_2

譯　我的太太送了我很棒的禮物。

　　首先，我們把 O_1 的 me 拿來前面當作主詞。me 當主詞要寫成 I。接著，把 gave 改成被動語態的 be 動詞＋過去分詞，即 was given。然後是句型 4 被動語態的主要特徵：把 O_2 的 a nice present 直接往下沿用，最後接主詞 My wife 變成的 by my wife，這樣就完成了。

〔主動語態〕　**My wife gave me a nice present.**

　　①把 me 當主詞　②把 gave 改成 be 動詞＋過去分詞　③直接往下沿用 a nice present　④ my wife 前面加上 by 放在最後

〔被動語態〕　**I was given a nice present by my wife.**

句型5的被動語態

　　接著來講解句型 5 的被動語態，請看以下例句。

❷ <u>We</u> <u>call</u> <u>this type of flower</u> <u>lily.</u>
　　S　　V　　　　O　　　　　　 C

譯 我們把這種花叫做百合花。

　　句型5的被動語態，**首先要把相當於 O 的 this type of flower 拿來前面當作主詞。**接著，**把 call 改成被動語態的 be 動詞＋過去分詞，即 is called。再把 C 的 lily 直接往下沿用。最後接主詞 We 變成的 by we。**但因為這邊的**主詞泛指一般人，所以 by 通常會省略。**

〔主動語態〕　**We call this type of flower lily.**

　①把 This type of flower 當主詞　②把 call 改成 be 動詞＋過去分詞　③直接往下沿用 lily　④we 前面加上 by 放在最後，但泛指一般人時會省略

〔被動語態〕　**This type of flower is called lily.**

POINT　句型4的 O_2、句型5的 C 直接沿用！
　　　　句型4（S V O_1 O_2）的被動語態　→　O_1 be p.p. O_2 by S
　　　　句型5（S V O C）的被動語態　→　O be p.p. C by S

知識補給站 α　**需要特別留意的被動語態**

　　比方說，下面這句的被動語態該怎麼處理呢？

My boss made me go there.
　　S　　　 V　　 O　 C

譯 我的老闆派我去那裡。

　　這句若是按照前述規則轉換為被動語態，會變成 I was made go there by my boss.。請留意 was made go 這一段，會發現變得不知道哪個才是動詞。go 在此僅發揮了 C 的作用，並不是動詞！因此，我們應該用 to go，寫成 I was made to go there by my boss.，這才是正確的被動語態。按照此規則，如同上方例句所示，當補語 made O do 裡有原型動詞時，不要忘了把完整的句子放入被動語態。例如 see O do 或 hear O do 改成被動語態時，也會變成 O' be seen to do 及 O' be heard to do，請特別留意。

Lesson 26　各式各樣的被動語態

> **本課 POINT！**
> 被動語態的基本型即 be 動詞＋過去分詞。

我們來看看被動語態、助動詞、完成式、進行式混合的句子吧。

助動詞＋被動語態＝助動詞＋be p.p.

像是 The work is finished by tomorrow. 這一句，若是加上助動詞 must（必須），會變得怎麼樣呢？因為**助動詞的後面有原型動詞**，所以 must 的後面必須改成 be finished。請記住**助動詞＋ be p.p.** 這個規則。

❶ **The work must be finished by tomorrow.**

🗣 這份工作必須在明天完成。

完成式＋被動語態＝have been p.p.

那麼，如果 My car is repaired. 這一句加上完成式的語感，會變得怎麼樣呢？這是**完成式（have p.p.）和被動語態（be p.p.）的組合**。因為是 have p.p. ＋ be p.p.，所以頭和尾的 have ～ p.p. 不會更動，把中間的 p.p. 和 be 組合起來，變成 been。因此，**完成式的被動語態寫成 have been p.p.**。My car is repaired. 的完成式寫成 My car has been repaired.

❷ **My car has been repaired.**

🗣 我的車被修好了。

進行式＋被動語態＝be being p.p.

　　最後，如果 The shopping center is built. 這一句加上進行式的語感，會變得怎麼樣呢？這是**進行式（be doing）和被動語態（be p.p.）的組合**。因為是 be doing ＋ be p.p.，所以頭和尾的 be ～ p.p. 不會更動，把中間的 doing 和 be 組合起來，變成 being。因此，**進行式的被動語態寫成 be being p.p.**。完整的句子寫成 The shopping center **is being built.**，意思為「這棟購物中心正在建設當中」。

---

③ The shopping center is being built.

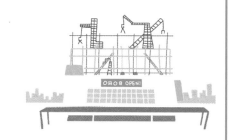

譯　這棟購物中心正在建設當中。

POINT　各式各樣的被動語態

❶ 助動詞＋被動語態　助動詞＋ be p.p.
❷ 完成式＋被動語態　have been p.p.
❸ 進行式＋被動語態　be being p.p.

形式為主動語態，意思卻是被動語態！?

　　有幾個動詞外觀看起來是主動語態，意思卻是被動語態，這稱作「主動被動語態」。請看以下例句。

This book sells well.

譯　這本書賣得很好。

　　本來 sell 的後面會接受詞，即「販賣的物品」，形成「販賣～」的句型，用來表達 I sold the watch for $80.（我的手錶用 80 元賣掉了）這樣的句子。

　　但上面的句子就把販賣的物品當作主詞，形式為主動語態，意思為被動語態，因此稱作「主動被動語態」。大部分的句子都跟上述例句相同，會接 well 之類的副詞。其他還有 read（讀）、cut（切）、cook（煮）等字也是相同用法。

Lesson 27 片語動詞的被動語態

31

本課 POINT！

片語動詞的被動語態**不要漏掉前置詞**。

什麼叫片語動詞？

片語動詞是由 2 個以上的單字組成的動詞，如：speak to ～「對～說話」、laugh at ～「笑～」、take care of ～「照顧～」等。把片語動詞變成被動語態時，會產生一個問題，例如「我被陌生人搭話了」這樣的句子，英文很容易不小心變成 I was spoken by a stranger.，看得出來是哪裡怪怪的嗎？

✕ I was spoken by a stranger.

哪裡怪怪的？

這題只要還原它本來主動語態的面貌，就能找到解答。這一次，我們要反推回去。首先把 by 後面的 A stranger 搬作主詞，把動詞變回本來的 spoke，被動語態的主詞搬去當主動語態的受詞，就能還原出 A stranger spoke me. 這樣的句子，看起來怪怪的吧？ spoke me 明顯出現文法上的錯誤。**speak 的後面接說話對象為受詞時，基本上都需要加 to**。因此，上述例句的正確版本為：

◯ I was spoken to by a stranger.

譯 我被陌生人搭話了。

不要漏掉前置詞

因此，本課的最大重點為：**片語動詞的被動語態不要忘了加前置詞**。我們來接著看 laugh at 的被動語態吧。請看看下面例句哪裡怪怪的。

I <u>was laughed by</u> everybody in the class.

> 哪裡怪怪的？

　　我們來還原上述例句的主動語態。被動語態的 by 後面是主動語態的主詞，被動語態的主詞則是主動語態的受詞，因此句子會變成 Everybody in the class laughed me.。laugh 是「笑～」的意思，**通常會加 at，把對象放在後面**，形成「嘲笑」的意思，所以需要加上**表示對象的 at**。因此 laugh at 才是正確的用法。

○ **I was laughed at by everybody in the class.**

譯 我被全班嘲笑了。

　　這樣懂了嗎？遇到 be spoken to、be laughed at 這類片語動詞，表現被動語態時，千萬別漏掉了它的前置詞，即 be spoken to 的 to、be laughed at 的 at，還有 be taken care of 的 of。

例 **My baby is taken care of by my mother.**

譯 我媽媽在幫我照顧小寶寶。

POINT　**不要漏掉前置詞！**

片語動詞的被動語態 →
❶ be spoken **to** by ～　　「被～搭話」
❷ be laughed **at** by ～　　「被～嘲笑」
❸ be taken care **of** by ～　「被～照顧」

Lesson 28　by以外的被動語態

32

> **本課 POINT ！**
>
> by 以外的被動語態要動腦記住。

沒有by的被動語態句子

被動語態的句型通常都是 be + p.p. by，但也有**沒有 by 的例外句型**，如：be known to ～「被～知道」、be covered with ～「被～蓋住」、be killed in ～「因～死亡」等。

be known to～「被～知道」

> **①** **The actor is known to people all over the world.**
>
> 譯 這位演員被全世界的人所認識。

他很有名！

be known to ～的文脈為：**當作主詞的名字，被 to 後面的人所知道**。to 表示方向，感覺就像是把主詞的名字送達給 to 後面的對象。類似的句型還有 be known for ～「**因為～而為人所知**」，用來表示**主詞因為 for 後面的原因而出名**，例如 She **is known for** her beautiful voice.（她因美麗的歌喉而聞名）。

be covered with～「被～蓋住」

接著來看 be covered with ～「**被～蓋住**」，可以用在屋子和汽車被雪埋住等情境。主動語態的 cover A with B「**B 蓋住 A**」變成被動語態，成為 A be covered with B「**A 被 B 蓋住**」的句型。

> **②** **My car was covered with snow.**
>
> 譯 我的車被雪埋住了。

be killed in～「因～死亡」

最後是 be killed in～「因～死亡」，用來表示因為交通事故、天災人禍、戰爭而死亡等情境。你也許會想，為什麼不用 die 就好呢？事實上 die 並不會用來表示戰爭及交通事故的死亡。die 指的是「從內側」衰老的自然死亡，以及因疾病而死亡。因為「來自外側」的衝擊而造成的人身事故及戰爭死亡，英文會說 be killed in the accident〔war〕。

❸ **Many people** were killed in **the accident.**

譯 許多人因為這起事故而死亡。

POINT

不用 by 的被動語態慣用語 ➜
❶ be known to～　　　「被～知道」
❷ be covered with～　「被～蓋住」
❸ be killed in～　　　「因～死亡」

知識補給站 α　**徹底了解 be known～**

左頁已經介紹過，be known to～是「被～知道」、be known for～是「因～而為人所知」。除此之外，be known 還有其他慣用語，如 be known as～是「以～為人所知」、be known by～是「以～做判斷」。以上 4 個用法都不能忽略前置詞的作用。舉例來說，He is known as a violinist.（他以小提琴家的身分為人所知）這個句子，as 就發揮了「等於」的作用，在例句當中，He ＝ violinist 的關係是成立的。

接著是英文的諺語 A tree is known by its fruit.，直譯是「從果實可以看出一棵樹的好壞」，中文通常會翻成「觀其行而知其人」，用果實來比喻行為，用樹來比喻人。這邊的 by 發揮了判斷基準的作用。

Lesson 24 被動語態的寫法

Someone stole my bag.

❶ 把受詞改成主詞　❷ 把動詞改成 be 動詞＋過去分詞
❸ by ＋把主詞放後面

My bag **was stolen**（ by someone ）.　　＊ **by** 經常省略。

Lesson 25 句型4、句型5的被動語態

• S V O_1 O_2 及 S V O C 的 O_2 和 C 直接沿用！
• made O do 的被動語態是 O'be made to do，不要忘了 to！

Lesson 26 各式各樣的被動語態

• 助動詞＋被動語態　助動詞＋ be p.p.
• 完成式＋被動語態　have been p.p.
• 進行式＋被動語態　be being p.p.

Lesson 27 片語動詞的被動語態　不要漏掉前置詞！

• be spoken to by ～「被～搭話」
• be laughed at by ～「被～嘲笑」
• be taken care of by ～「被～照顧」

Lesson 28 by 以外的被動語態

• be known to ～「被～知道」
• be covered with ～「被～蓋住」
• be killed in ～「因～死亡」
＊生病等自然死亡用 die；人身事故或戰爭用 be killed in。

英文文法專欄⑤

為什麼不說be married with？

33 🎧

請看以下 3 個句子。

---

❶ Will you marry me?

譯 妳願意嫁給我嗎？

❷ I have been married to my wife for 5 years.

譯 我和太太結婚5週年了。

❸ I got married when I was 33 years old.

譯 我在33歲的時候結婚了。

　　例句❶～❸都是跟「結婚」有關句子，它們分別是：marry O、be married to～ 跟 get married to～。為何「結婚」可以同時用在主動語態和被動語態呢？這跟 marry 的其中一個用法：marry A to B「使 A 和 B 結婚（嫁給 B）」有關。把它改成被動語態，就會變成 A be married to B「A 嫁給 B（＝結婚）」。

　　這要回溯到古時候的歐洲，結婚是兩個家族的問題，通常都是父親把女兒嫁出去，所以會用 marry A to B 這樣的句子。隨著時代變遷，結婚成為個人自由，人們變得更喜歡用被動語態 be married to～來描述結婚。只要了解 marry A to B 的由來，就能想通為何英語不說 be married with～，而是用 be married to～。

　　順帶一提，由於 be 動詞表「狀態」，所以「已婚」會用 be married；而 get 則表「動作」，所以純粹描述「結婚」會用 get married 或 marry O。

Lesson 29 作名詞用

34

本課 POINT！

不定詞可以當作名詞，用在 S、O、C 上。

不定詞可以當作名詞、形容詞及副詞使用

不定詞是指 **to ＋原型動詞**，它的功能超越了動詞，可以**作為名詞、形容詞和副詞使用**。例如「我喜歡散步」，英語不能說 I like take a walk.。**take 單獨看是動詞，不能拿來當本句 like 的受詞**。此時，就要交給不定詞來處理。寫成不定詞 to take，take 就能**跨越動詞成為名詞，當作 like 的受詞來用**。

❶ **I like to take a walk.**
S　V　　　　O

譯 我喜歡散步。

I like to take a walk.

不定詞有 3 種用法，當名詞用，指「做這件事～」；當形容詞用，指「為了做～的」；當副詞用，指「為了做～」。本課先來看當作名詞的用法。

不定詞當名詞用「做～」

做名詞用時，符合名詞的性質，可以用來**當作句子裡的 S、O、C**。在例句❶ I like to take a walk. 裡，to take a walk 是指「散步這件事」，當作受詞用。

以下介紹當作 S 的用法。

❷ **To study English is important.**
　　　S　　　　　V　　C

譯 讀英語是很重要的一件事。

English

To study English is important.

英語最常見的做法是使用形式主詞 It 開頭，把不定詞擺在後面，寫成 It is important to study English.。

最後介紹當作 C 的用法。

---

❸ My dream is to be a professional soccer player.
　　　S　　　　V　　　　　　　　　　　　　C

（譯）我的夢想是當足球選手。

實際在讀英文時，**在句子的 S、O、C 發現 to ＋原型動詞的構造**，就能看出這是把不定詞當作名詞「做這件事～」的用法。

POINT

做名詞用的特徵　→　❶ 當作 S
　　　　　　　　　　　❷ 當作 O
　　　　　　　　　　　❸ 當作 C

知識補給站 α　**it 可以當作形式主詞和形式受詞**

　　如同例句②所示，英文習慣「長的句型放後面」，因此，不定詞作主詞用時，**通常會在前面加入形式主詞 it**，把不定詞往後擺。還有另一個形式 it 也很活躍，它用來表示句型 5 的受詞。句型 5 的受詞不能使用不定詞，所以會如下方例句，加入形式受詞 it，把不定詞往後擺。

I think it important to tell her the truth.

（譯）我認為對她說真話是很重要的一件事。

35

Lesson 30　作形容詞用

作形容詞用時，要思考**名詞和不定詞的關係**。

作形容詞用，句型為名詞＋to do

不定詞作形容詞用，寫成**名詞＋ to do**，意思是「為了做～（的）」，作用是修飾前面的名詞。

做形容詞用的3種模式

作形容詞用時，與前面的名詞有 3 種模式的關係，分別是：**受詞與動詞（ＯＶ）關係、主詞與動詞（ＳＶ）關係，以及前者＝後者的同格關係。**

在例句①，a friend 與 help 的關係為「要幫助的朋友」，即受詞與動詞的 Ｏ Ｖ 關係。因為不是句型上的 Ｖ Ｏ，所以標示寫成 V' O'。

❶ I have a friend to help.
　　　　　　　　O'　　V'

　我去幫助

譯　我有一個要幫助的朋友。

a friend　to help

接著看例句❷，這是**名詞與不定詞的關係**。因為是 a friend help me，所以是 Ｓ Ｖ 關係。

❷ I have a friend to help me.
　　　　　　　　S'　　V'　　O'

　朋友 來幫助

譯　我有一個幫助我的朋友。

a friend　to help me

在例句❸，a plan ＝ study abroad，屬於前者＝後者的 **同格關係** 。

❸ **I made** <u>a plan</u> **to study abroad.**

　　　　　　　　＝

來訂立計畫囉！

計畫 ＝ 留學

譯 我計畫去留學。

POINT

做形容詞用的特徵 → ❶ 名詞與 do 是ＯＶ關係（受詞與動詞的關係）

❷ 名詞與 do 是ＳＶ關係（主詞與動詞的關係）

❸ 名詞與 do 是同格關係（等於的關係）

知識
補給站
α

留下前置詞的模式

不定詞作形容詞用，還有下面例句這種保留前置詞的模式。

I found a place to live in.

譯 我找到住處了。

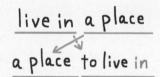

live in a place

a place to live in

　這個句子猛一看會有點小小的不解，但只要進一步思考名詞與 to do 的關係就能想通。我們先把名詞與 to do 的關係，想成受詞與動詞的關係，接著還原動詞與受詞本來的語順，句子就會變成 live in a place 而不是 live a place。因此，把不定詞作形容詞用，就會變成 a place to live in。

　以「寫作工具」為例，something to write with 與 something to write on 是完全不同的東西。前者的 with 是「使用～」，所以指的是筆；後者的 on 是「在～上面」，所以指的是紙，這樣是不是很好懂呢？

36

Lesson 31　作副詞的基本用法

> 本課 POINT！
>
> 作副詞用時，表示目的、心情依據及評斷依據。

作副詞用，基本意思為「為了做～」

　　不定詞當作副詞用，基本上會翻譯成「**為了做～**」，表示目的，藉由**不定詞和動詞描述目的與方法之間的關係**。例如 He went to America to study a play. 這一句，to study a play（為了學演戲）表明了目的，went to America（去美國）表示了方法。

---

❶ He went to America to study a play.

譯　他去美國學演戲。

表達心情依據及評斷依據

　　另一個用法是表達**心情的依據**，翻譯成「**～之後**」，前面會先放「開心」、「訝異」等心情字彙，後接不定詞 to do 來描述原因。舉例來說，英文習慣在表達 I was very sad（我很難過）**這樣的心情時，在後面寫出心情的依據**。

---

❷ I was very sad to hear the news.

譯　聽到這個消息之後，我感到很難過。

最後是**評斷依據**，翻譯成「才會～」，前面會先放評斷的結果，後接不定詞 to do 描述為什麼。例如判斷「因為我的不小心」，即 I was careles 時，會在後面接不定詞來表達依據。

③ I was careless to leave my cell phone on the bus.

譯 因為我的不小心，才會把手機忘在公車上。

不定詞作副詞用時，幾乎都是為了表達目的。表達心情時，**前面會先出現 happy、glad 等描述心情的字彙**，看到就知道了。

POINT

作副詞用的種類 → ❶ 目的　　　「為了做～」
　　　　　　　　　❷ 心情依據　「～之後」
　　　　　　　　　❸ 評斷依據　「才會～」

 想強調目的時的寫法

　不定詞作副詞用，欲強調目的時，會用 in order to 和 so as to 表示「為了做～」。一般的不定詞，必須從名詞、形容詞、副詞 3 種用法當中思考要用哪 1 種，直接使用上述 2 種寫法就沒有那麼複雜，能清楚強調出目的。

　下方例句提出目的「換衣服」，以及「回家」這個方法，並且用了 in order to 強調目的是「為了換衣服」。

I went home in order to change my clothes.

譯 我回家是為了換衣服。

Lesson 32 作副詞的結果用法

37

本課 POINT！

表結果的代表例子為 only to do 和 never to do。

表示「結果為～」

接著來看不定詞當作副詞用時，**表示結果的用法**。和 Lesson 31 表「目的」不一樣的是，讀時不需要反過來，直接照著英文語順，**從左讀到右**就行了。在不定詞的前面停一下，就能知道後面是在說**「結果為～」**。翻譯的時候，不刻意翻出「結果為」比較自然。

我們先看 grow up to be ～「長大後（結果為）變成～」，這樣的句型多半用來表示「成為偉大人物」。

---

❶ **He grew up to be a famous singer.**

譯 他長大之後，（結果）成為了知名歌手。

接著來看 live to be ～「（結果）活到了～」，這樣的句型多半用來表示「活到了～歲」，常用例句為「活到了 90 歲、100 歲」。

---

❷ **He lived to be one hundred.**

譯 他活到了 100 歲。

接著來看 only to do「（結果）仍舊〜」，用來表示逆接，如「他已經盡力了，仍以失敗告終」。

❸ He worked hard only to fail in the game.

譯 他已經盡力了，仍舊輸了這場比賽。

最後是 never to do「（結果）再也沒有〜」，常見例句為「去了某處，然後就再也沒有回來」。

❹ He left his hometown never to return.

譯 他離開故鄉後，從此再也沒有回來。

POINT

結果用法的種類 →
❶ grow up to be 〜　「長大後（結果）變成〜」
❷ live to be 〜　　　「（結果）活到了〜」
❸ only to do　　　　「（結果）仍舊〜」
❹ never to do　　　　「（結果）再也沒有〜」

知識
補給站
α　**想強調結果時的寫法**

　強調結果的代表例子，即本課登場的 only to do 與 never to do。尤其可在前面加個逗號（,）使句子中斷，更能強調「最後的結果是〜」。此外，結果用法也有表示「意外」的語感。本課介紹的例句分別有「他竟然成為了知名歌手」、「他竟然活到了100歲」、「他最後竟然輸了比賽」、「他竟然再也沒有回來了」，通通都有「出人意表」的語感。

Lesson
33 使役動詞

> **本課 POINT！**
>
> 將 make、let、have 套用句型 5，C 用原型不定詞。

使役動詞（make、let、have）套用句型5

　　make、let、have **可套用句型 5，在 C 的位置使用原型不定詞。**原型不定詞看起來跟原型動詞是一模一樣的。3 者分別寫成 make O do、let O do、have O do，意思皆為「使人～」，統稱**使役動詞**。

　　雖然都是表使役的作用，但 3 者的語感有些微的不同，我們來一個一個看吧。首先，make 人 do 是**「強迫人～」**的意思，會用在「父親不顧我的感受，強迫我辭掉現在的工作」等情境下。

---

❶ **My father made me leave the company.**
　　　S　　　　V　　O　　C

譯 父親強迫我辭掉這份工作。

　　要注意的是，**當主詞不是人而是事物的時候，**語感並非全指「強迫」，常常用來表示**因果關係（原因和結果）。**

---

❷ **Her jokes made us laugh.**
　　　S　　　V　 O　 C

譯 她說的笑話使我們大笑。
　　*原因「她說的笑話」，結果「使我們不由自主地笑出來」。

接著來看 let 人 do「使人（允許人）做～」，常用在「父母允許孩子～」等情境下。

③ Her mother let her go there.
　　　S　　　　V　　O　　C

譯 她的母親允許她去那裡。

最後是 have 人 do，舉例來說，經常用在「老闆派秘書做事」、「請維修師傅來修電腦」等交派、委託的情境下。

④ He had his secretary reserve a meeting room.
　　S　V　　　O　　　　　　　　C

譯 他拜託秘書預約會議室。

POINT

使役動詞 →
❶ make 人 do　「使人做～」（強迫）
❷ let 人 do　　「使人做～」（允許）
❸ have 人 do　「使人做～」（委託）

知識補給站 α

to 不定詞與原型不定詞

　　本課出現了「原型不定詞」這個新名詞，這是用來區別「to 不定詞」用的。「原型不定詞」即原型動詞，「to 不定詞」則是 to ＋原型動詞。我們一般所稱的「不定詞」，是指後者的 to ＋原型動詞。因為有 to，所以需要細分時稱作「to 不定詞」，用來強調它跟原型不定詞是不一樣的。

Part 6 不定詞

Lesson 34 感官動詞

39

本課 POINT！

將 hear、see 套用句型 5，C 用原型不定詞。

感官動詞（hear、see）套用句型5

　　感官動詞又稱知覺動詞，意思如其名，是**看到、聽到、感覺到這類動詞的統稱**。感官動詞也可套用**句型 5，在 C 的位置使用原型不定詞**（原型動詞）。感官動詞的代表例子為 **see 和 hear**。see 的句型 5 寫成 **see O do「看見 O 在做～」**，用在「目擊別人做某件事」的情境下。

---

❶ I saw my mother enter the house.
　　S　V　　O　　　　　　C

（譯）我看見媽媽走進屋子裡。

　　接著是 **hear O do「聽見 O 在做～」**。相較於 listen to 是主動傾聽，hear 多用來表示「自然傳入耳裡」。

---

❷ I heard someone call my name.
　　S　V　　O　　　C

（譯）我聽見有人在呼喚我的名字。

阿隆～

最後來比較以下 2 個例句,看得出其中的差異嗎?

❸ I saw him cross the road.
　　S　　V　　O　　　　C

🈯 我看著他穿越馬路。

❹ I saw him crossing the road.
　　S　　V　　O　　　　C

🈯 我看見他正在過馬路。

　　感官動詞作 C 時,可以把原型不定詞(do)改成現在分詞(doing)。使用原型不定詞指「看完完整的動作(從頭看到尾)」;現在分詞則是「看到一部分的動作」。因此,例句❸為「我看著他走過馬路」,例句❹則為「我剛好看見他在過馬路」。

POINT

感官動詞 → ❶ see O do 　「**看見 O 在做~**」
　　　　　　❷ hear O do 　「**聽見 O 在做~**」

知識
補給站
α

look at 和 watch 也能用原型不定詞!

　　現在,我們已經學會感官動詞可套用句型 5,在 C 使用原型不定詞,如 see、hear 等。事實上,look at 和 watch 也能用句型 5,在補語使用原型不定詞。例如 I watched him go out of the office.(我看見他離開辦公室)這一句,I watch O C「我看見 O 在做 C」的 C 就能使用 go。另外,I looked at a dog run to her.(我看見一隻狗跑向她)也在 look at O C「我看見 O 在做 C」的 C 使用 run。

　　這是感官動詞的特性,像是「看見」、「聽見」這類動詞,多數都能套用句型 5,在補語使用原型不定詞。

Part6　不定詞總整理

Lesson 29 ～ 31不定詞的3種用法

- 作名詞用　　「做這件事～」⇒用在 S、O、C 上
- 作形容詞用　「為了做～的」⇒名詞與 OV、SV、同格關係
- 作副詞用　　「為了做～」　⇒目的、心情依據、評斷依據

Lesson 32 作副詞的結果用法

- **grow up to be ～**　　「長大後（結果）變成～」
- **live to be ～**　　　　「（結果）活到了～」
- **only to do**　　　　　「（結果）仍舊～」
- **never to do**　　　　「（結果）再也沒有～」

Lesson 33、34使役動詞與感官動詞

　　使役動詞與感官動詞可以套用句型5，C 用原型不定詞。

使役動詞「使人～」
- **make 人 do**　　強迫
- **let 人 do**　　　允許
- **have 人 do**　　委託

感官動詞
- **see O do**　　「看見 O 在做～」
- **hear O do**　　「聽見 O 在做～」

COLUMN

40

英文文法專欄⑥

be to不定詞是萬能 ___？___

　　不定詞的重要項目之一，就是 be to 不定詞，可用來表示**預定、義務、可能、意志、命運**。那麼，be to 不定詞的本質究竟是什麼呢？

　　請參考下列例句確認不同的用法。

---

❶ We are to meet at six tomorrow.　　　　　【預定】

譯　我們約好明天6點見面。

❷ You are not to leave this town.　　　　　【義務】

譯　你不能離開這座城鎮。

❸ My watch was not to be found anywhere.

　　　　　　　　　　　　　　　　　　　　　　【可能】

譯　我在任何地方都找不到我的手錶。

❹ If you are to pass the exam, you should study hard.　　　　　　　　　　　　　　　　【意志】

譯　如果你想要考過這場測驗，必須拚命讀書。

❺ I was never to return to my hometown.

　　　　　　　　　　　　　　　　　　　　　　【命運】

譯　我從此再也沒有回過故鄉。

　　本書在「Part 1 時態」介紹過**預定行程**怎麼寫，沒錯，就是 be going to。表現**義務**則有 must、should 可以用，表現**可能**用 can，表現**意志**用 will。命運雖然比較少用，但語意接近 shall。

　　這樣看下來，**一個 be to 不定詞兼具了助動詞的作用**，真的相當好用。一言以蔽之，不就是「**萬能助動詞**」嗎？由此可看出，be to 不定詞的本質就是「配合不同情境發揮各種助動詞的功用」。

Part 7 動名詞

Lesson 35 動名詞的作用

41

> **本課 POINT！**
> 動名詞可以當作 S、O、C。

動名詞的doing形式為「做這件事」的意思

動名詞即指**「做這件事」**，同時保有名詞及動詞的性質。動名詞不是名詞，它還擁有動詞的性質，所以像 watching soccer games 這樣的句子，我們可以直接在 doing 形式的後面接受詞 soccer games。

❶ Watching soccer games is fun.
　　　　 S　　　　　　 V C

譯 觀看足球比賽很愉快。

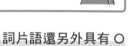

在例句❶，動名詞片語發揮了 S 的作用。除此之外，**動名詞片語還另外具有 O 及 C 的作用**。我們接著看例句❷。

❷ I like watching soccer games.
　 S V　　　　 O

譯 我喜歡觀看足球比賽。

watching 是動名詞，組成名詞片語 watching soccer games，在這個句子裡發揮 O 的作用。

下一句焦點也是 watching，請思考它在句中的意思及作用。

❸ **My hobby** <u>**is**</u> <u>watching **soccer games.**</u>
　　　　　S　　 V 　　　　　　　　C

🔤 我的興趣是觀看足球比賽。

　　watching 是動名詞，組成名詞片語 watching soccer games，在這個句子裡發揮 C 的作用。

動名詞可以放主詞嗎？

　　基於動詞的性質，動名詞可以放受詞。那麼，有些人應該會想：**動名詞可以放主詞嗎？**

　　事實上是可以的，只要**在動名詞前放所有格或受格**就行了。

❹ <u>**My parents**</u> <u>**don't like**</u> <u>**my〔me〕playing video games.**</u>
　　　 S 　　　　　V 　　　　　　　　O

🔤 我的父母不喜歡我打電動。

POINT

動名詞的作用 → ❶ 當作 S
　　　　　　　 ❷ 當作 O
　　　　　　　 ❸ 當作 C

知識補給站 α　it 也能用來替代動名詞

　　形式主詞 it 給人的印象，就是用來替代 to 不定詞。事實上，動名詞一樣可以用 it 予以替代。
　　我舉個有名的諺語當作例子：It is no use crying over spilt milk.，中文是「覆水難收」，直譯的意思為「哀嘆牛奶潑出來是沒用的」。這邊的 It 就是形式主詞，指 crying ～ milk 這一段，因此整個句子的結構為「哀嘆牛奶潑出來」是「沒用的」。
　　只要善用英文文法作分析，就能搞懂這些奇妙的諺語結構是怎麼來的。

Part
7
動名詞

Lesson 36 動名詞與不定詞的差異

42

[本課 POINT ！

動名詞指**過去**，不定詞指**未來**。]

doing與過去有關，to do與未來有關

學到這裡，應該有人發現了：**不定詞作名詞用時，看起來跟動名詞非常相似**，意思指「**做這件事～**」，作用是**組成名詞片語**，用來當作句子裡的 S、O、C。兩者的差異只在「**能不能接在前置詞後面**」而已。**動名詞可以接在前置詞後面，不定詞則不行**。

以 be good at 來舉例，前置詞 at 的後面只能接動名詞，不能接不定詞。

---

❶ I am good at playing soccer.

⇒ ✕ to play soccer

譯 我擅長踢足球。

接著來看動名詞與不定詞在意義上的根本差別，那就是「時間意識」。雖然一樣是「做這件事～」，但是**動名詞指「至今做的事（過去）」，不定詞指「接下來要做的事（未來）」**。

例句❷的 hobby（興趣）是指已經在做的事，所以要用**動名詞**。

---

❷ My hobby is taking pictures.

譯 我的興趣是拍照。

相對地，例句❸的 dream（夢想）是指接下來才要做的事，所以要用**不定詞**。

❸ **My dream is to be a teacher.**

譯 我的夢想是當老師。

只要記住**「動名詞管興趣，不定詞管夢想」**，我們接下來就能進階使用英語了。

POINT　　動名詞與不定詞（作名詞用）的差異

	能不能接在前置詞後面	過去	未來
動名詞	◎	◎	×
不定詞（作名詞用）	×	×	◎

知識補給站α

愛看電視不是 hobby

　　我在例句❷提到了自我介紹的萬用句：My hobby is doing ～ . , 這邊要注意一點，hobby 跟中文泛指的「興趣」不太一樣。英文的 hobby 需要某些程度的知識和技術，通常是指運動、集郵、攝影、繪畫這一類。因此，英語會說 My hobby is taking pictures. , 但一般不會說 My hobby is watching TV.。這時候用 I like watching TV. 就好了。

　　這樣倒推回來，中文在詢問對方興趣的時候，較準確的英文應該是 What do you like to do? 及 What do you do for fun?, 而不是 What's your hobby?。此外也能套用 p.13 的「＋α 知識補給站」提到的 What do you do for a living?, 把 a living 變成 fun（樂趣），即「你為了尋找樂趣，昨天、今天及明天在做什麼事呢？」＝「你的興趣是什麼呢？」，就是這樣來的。

Part 7 動名詞

Lesson 37 可用動名詞和不定詞當O的V

43

remember doing「記得（過去）做過～」

可用動名詞及不定詞當受詞的動詞有 remember（記得）和 forget（忘記）。

我們先看 remember。**remember doing** 的動名詞表示過去，意思為「記得（過去）做過～」。以 remember meeting 來舉例，即「記得（過去）見過面」。

❶ I remember meeting you somewhere.

譯 我記得之前在其他地方見過你。

remember to do「記得（之後）要做～」

相對地，**remember to do** 的不定詞表示未來，意思為「記得（之後）要做～」。正確來說，remember to do 是「記得必須要做～」＝「不能忘記要～」。例如「記得（之後）帶替換衣物過來」＝「不要忘記帶替換衣物過來」。

❷ Remember to take a change of clothing.

譯 不要忘記帶替換衣物過來。

forget doing「忘記（過去）做過～」

接著來看 forget。**forget doing** 是「忘記（過去）做過～」，經常用在「絕不會忘記過去做過～」的情境下。

❸ **I'll never forget visiting Hawaii last year.**

我絕不會忘記去年造訪了夏威夷。

forget doing
忘記做過~

forget to do「忘記（之後）要做～」

相對地，forget to do「忘記（之後）要做～」則經常用在否定的情境下，例如 Don't forget to do ～「不要忘記（之後）要做～」。

❹ **Don't forget to return my key to me.**

forget to do~
忘記要做~

譯 不要忘記還我鑰匙。

POINT

可用動名詞及不定詞當 O 的動詞 ➜ ❶ remember ❷ forget

知識補給站 α

stop to do 和 stop doing

一般來說，動詞 stop 的受詞只能接動名詞，但英文卻存在著 stop to do 的說法，這是怎麼一回事？

A：I stopped smoking a few years ago.

譯 我在幾年前戒菸了。

B：I stopped to smoke near the shop.

譯 我停下來在那家商店旁邊抽菸。

如上所示，會跟動名詞搞混的，其實只有不定詞的名詞用法。例句 B 的 to smoke 是「為了做～」，這是把不定詞當作副詞的用法，所以 stop 的受詞只能接動名詞，沒有違反規則。

Part 7 動名詞

Lesson 38 只能用動名詞當○的V

44

> **本課 POINT！**
> 只能用動名詞當受詞的動詞，具有「反覆、中斷、逃避」的特徵。

enjoy和practice與反覆有關

我在前面章節介紹過，**動名詞在時間上表「過去」，尤其是從事多年的興趣活動特別愛用動名詞**。此外，**興趣亦具有重複、反覆的特性，而動名詞帶有反覆的意義，可以連接有反覆意義的動詞及受詞**。

如同例句❶，enjoy doing「享受做～」令人聯想到興趣，enjoy 的 ○ 要用動名詞。此外，practice「練習～」也是重複的行為，○ 要用動名詞。

---

❶ **I enjoy reading books every day.**

譯 我每天都很享受閱讀。

~~enjoy to read~~

⭕ enjoy reading

---

give up、finish、stop與中斷有關

接下來，像 give up（放棄）、finish（結束）、stop（停止）等與中斷有關的動詞，○ 也要用動名詞。

---

❷ **He gave up drinking last year.**

譯 他在去年戒酒了。

❸ **I finished doing my homework last night.**

譯 我在昨晚完成作業了。

give up drinking　~~give up to drink~~
finish doing　~~finish to do~~

---

mind和avoid與逃避有關

最後介紹 mind（介意）和 avoid（避開）等與逃避有關的動詞，O 也要用動名詞。

---

④ I avoid walking alone at night.

譯 我會避免獨自在夜晚走路。

avoid to walk ✗

avoid walking ○

POINT

只能用動名詞當 O 的動詞 →
❶ 反覆（enjoy, practice）
❷ 中斷（give up, finish, stop）
❸ 逃避（mind, avoid）

知識補給站 α

Would you mind doing? 是什麼意思？

mind（介意）也是只能用動名詞當受詞的動詞，請思考以下例句的意思。這也是常常看見的用法。

Would you mind opening the window?

這句話的意思為「你介意打開窗戶嗎？」，並藉由 would 與對方拉開距離，表示禮貌。而 opening 前沒有所有格表動名詞主詞，因此，opening 對應到的主詞是 you。換句話說，打開窗戶的是句子裡的「you」。

換言之，Would you mind doing? 是一個請求句型，「你介意打開窗戶嗎？」＝「可以請你打開窗戶嗎？」。

Lesson 39 只能用不定詞當O的V

 45

> **本課 POINT！**
>
> 只能用不定詞當受詞的動詞，具有「未來、決心、願望」的特徵。

表「未來」的動詞要用不定詞當O

　　如同前面所介紹的，**不定詞在時間的定義上是指未來（接下來要做的事）**。在這個基本前提下，**假設受詞是 promise（約定），指的就是接下來的約定，要用不定詞相連**。假如受詞是 plan（計畫），指的就是接下來的計畫，一樣要用不定詞相連。

> ❶ **I promise to visit your store someday.**
>
> 譯 我答應之後會造訪你的店。

表「決心」的動詞要用不定詞當O

　　接著，決定未來的事情時，受詞也要使用不定詞。因此，**decide（決定要）**、**intend（打算要）這兩個動詞要用不定詞相連**。

> ❷ **He decided to travel abroad alone.**
>
> 譯 他決定要自己一個人去國外旅行。

表「願望」的動詞要用不定詞當O

　　最後，表達今後的願望時，受詞也要使用不定詞。如 hope（希望）和 want（想要），要用不定詞相連。除此之外，**語感比 want 更客氣禮貌的 would like 也要用不定詞相連**。

❸ I hope to see you again.

譯 我希望能再次見到你。

❹ I would like to sit here.

譯 我想坐這裡。

POINT

只能用不定詞當 O 的動詞 → ❶ 未來（promise, plan）
❷ 決心（decide, intend）
❸ 願望（hope, want, would like）

知識
補給站
α 　**也有語意比較消極的不定詞**

　　看到這裡，與不定詞的未來意義相關的動詞，似乎都有積極向前的語意，但事實上也有偏向消極意義的動詞會用不定詞當受詞，例如 reduse（拒絕）和 hesitate（猶豫）。

He refused to talk with her.

譯 他拒絕和她說話。

　　追本溯源，「拒絕」和「猶豫」本來就是「接下來要做的事（＝未來）」，所以受詞要用不定詞。順帶一提，hesitate 這個字也常用來表示 Don't hesitate to ask me.，直譯為「問我時不要猶豫」，意思就是「儘管問我吧！」。

Lesson 35 動名詞的作用

動名詞可以組成名詞片語表示「做這件事」，在句子裡當作 S、O、C 用。

Lesson 36 動名詞與不定詞的差異

	能不能接在前置詞後面	過去	未來
動名詞	◎	◎	×
不定詞（作名詞用）	×	×	◎

Lesson 37 可用動名詞和不定詞當 O 的 V

remember 和 forget　　動名詞表過去和不定詞表未來

Lesson 38 只能用動名詞當 O 的 V

❶ 反覆　⇒　enjoy（享受）、practice（練習）
❷ 中斷　⇒　give up（放棄）、finish（完成）、stop（停止）
❸ 逃避　⇒　mind（介意）、avoid（避開）

Lesson 39 只能用不定詞當 O 的 V

❶ 未來　⇒　promise（約定）、plan（計畫）
❷ 決心　⇒　decide（決定要）、intend（打算要）
❸ 願望　⇒　hope（希望）、want（想要）、would like（希望能）

英文文法專欄⑦

諺語和動名詞特別契合!?

先問各位一個問題，你能說明 Nice to meet you. 與 Nice meeting you. 哪裡不同嗎？

Nice to meet you.（很高興見到你）用在**初次見面**。請想像初次見面的兩人握手寒暄的場景。相對地，Nice meeting you.（見到你很高興）則用在**道別**，請想像兩人依依不捨擁抱道別的場景。

為何會產生這樣的差異呢？這也跟不定詞和動名詞的差異有關。Nice to meet you. 是**不定詞**，意識向著未來，帶有「很高興見到你，即將和你說話」的語感。Nice meeting you. 是**動名詞**，意識向著過去，帶有「很高興見到了你，與你說到話」的語感。

此外，動名詞常常出現在英文的諺語裡。

「百聞不如一見」的英文多用動名詞寫成 Seeing is believing.，表示「眼見為憑」，其中蘊含了「看見比聽見可靠」的訊息。這跟動名詞的「**過去**」及「**反覆**」特性有關，諺語是古今通用的語言，兩者格外地契合。

接著是「青菜蘿蔔各有所好」，英文的諺語是 There is no accounting for taste.（人的好惡是無法解釋的），accounting 也使用了動名詞。這是 There is no way of doing.（只能這麼做）省略了 way of 的說法。此外，account for～「解釋～」也是一個慣用句。

只要多加善用英文文法，就能了解知名諺語的演變由來。

Lesson 40 用分詞修飾名詞

46

> **本課 POINT！**
> 分詞分成**現在分詞**與**過去分詞**。

現在分詞與過去分詞

現在分詞長得跟動名詞一樣，都是原型動詞＋ ing。過去分詞則對應到動詞三態變化 come-came-come 的第三態 come，簡稱為 p.p.。

作形容詞用

現在分詞是主動「做～／正在做～」的意思，發揮形容詞的作用。主動是被動的相對概念。例如 a crying baby 這一句，crying 就是現在分詞，用來修飾 baby。因為表主動，所以使用現在分詞。

---

❶ a crying baby

🔈 一個在哭的寶寶

過去分詞則有被動「被～」的意思，一樣發揮形容詞的作用。例如 a stolen wallet 的 stolen 就是過去分詞。因為表被動，所以使用過去分詞。

---

❷ a stolen wallet

🔈 被偷的錢包

分詞單獨修飾名詞的時候，位置會放前面。如同例句①、②，因為只有 crying 和 stolen，所以擺前面。

但是，**分詞伴隨複數語句修飾名詞的時候，位置會放後面**。例如 crying 加上 in the cradle，就會擺後面，寫成 a baby crying in the cradle。

❸ a baby crying in the cradle

🈳 寶寶在搖籃裡哭

最後一句是「門被湯姆破壞了」，「門被破壞」是被動句，所以要用過去分詞 broken，寫成 the door broken by Tom。

❹ the door broken by Tom

🈳 門被湯姆破壞了

POINT

分詞 　　現在分詞（doing）　　表主動

　　　　過去分詞（p.p.）　　表被動

＊分詞單獨修飾　擺前面　　＊分詞＋複數語句　擺後面

知識補給站 α　fallen leaves 的 fallen 是什麼意思？

過去分詞主要用來表示被動，除此之外還有另一個意思，就是「完成」。例如 fallen leaves 是「掉下來的葉子」，即「落葉」。其他還有 developed countries 是「開發完成的國家」，即「先進國家」。

fallen leaves

🈳 落葉

Part 8 分詞

47

Lesson 41 用分詞當作補語

> **本課 POINT !**
>
> 分詞可以用來當 S V C、S V O C、with O C 的 C。

　　分詞除了修飾名詞，還能**用來當作補語（C）**。我們從句型 2（S V C）的補語開始看吧。

當作句型2的補語

　　在句型 S V C 使用分詞時，請留意 S＝C 的關係，如果 **S 為主動就用現在分詞，為被動就用過去分詞**。例如 She sat surrounded by her children. 這一句，She 和 surrounded 的關係為「她被包圍」，屬於被動關係，所以要用過去分詞 surrounded。

---

❶ She sat surrounded by her children.
　　　S　　V　　　　C

譯　她被自己的孩子圍坐著。

當作句型5的補語

　　接著是句型 5（S V O C），如果 **O 和 C 的關係是主動就用現在分詞，為被動就用過去分詞**。例如 I heard someone knocking on the door. 這一句，someone 和 knock 的關係為「有人在敲門」，**屬於主動關係，所以用現在分詞 knocking**。

---

❷ I heard someone knocking on the door.
　　S　V　　O　　　　　C

譯　我聽見有人在敲門。

用在附加狀況的with

　　最後是附加狀況的 with。表示附加狀況時，with 的後面可接 O 和 C 這 2 種句子要素，藉此補充說明句子前後的狀態。with O C 的意思是「使 O 做出 C」。和前面一樣，如果 **O 和 C 的關係是主動就用現在分詞，為被動就用過去分詞**。在 with her eyes closed 這一句，her eyes 和 closed 在英語上的關係為「眼睛被她閉起來了」，屬於被動關係，所以用過去分詞 closed。因為不是句型上的 O 和 C，所以標示為 O'、C'。

❸ **She sat with her eyes closed.**
　　S　V　　　　O'　　　C'

譯 她閉上眼睛坐著。

POINT

在補語使用的分詞 → ❶ 句型2（S V C）的補語
　　　　　　　　　❷ 句型5（S V O C）的補語
　　　　　　　　　❸ 附加狀況的 with（with O C）的補語

知識補給站 α　**附加狀況 with 的應用型**

　　表附加狀況的 with 簡稱「附帶的 with」，可以應用在許多地方，請看下面例句。

A：Don't speak with your mouth full.
　　　　　　　　　　　　　O'　　　　C'

譯 不要在滿嘴食物的時候說話。

　　在例句 A，附帶的 with 後面的 C 用了形容詞 full（滿）。除此之外，也能這樣用：

B：There is a man with a black coat on.
　　　　　　　　　　　　　　O'　　　　　C'

譯 那裡有個穿黑大衣的男人。

　　在例句 B，with 的後面用了副詞 on（身穿）。只要看到表附加狀況的 with，就可推想後面的 C 會出現各式各樣的單字。

48

Lesson 42 分詞構句的基本用法

> **本課 POINT！**
>
> 分詞構句基本上：可從前面或後面接分詞片語。

什麼叫分詞構句？

分詞構句可以省略連接詞和共通的主詞，使用現在分詞或過去分詞來簡化句子。分詞片語放句首的基本句型為 Doing [p.p.] ～ , S V 一.；分詞片語放後面的基本句型為 S V 一, doing [p.p.] ～ . 。

分詞片語放句首的模式

例如說明 Seeing the policeman, the man ran away. 這個分詞構句時，就需要補充說明被省略的連接詞。此句需要補完時間資訊「一看見～就」。

❶ **Seeing the policeman, the man ran away.**

🈯 男人一看見警察就逃走了。

接著來看以分詞片語開頭，用來表示原因的例句。說明語意時，前面可加「因為～」提出原因。

❷ **Staying up late last night, I'm sleepy today.**

🈯 因為我昨天很晚睡，所以今天很睏。

分詞片語放後面的模式

最後來看分詞片語放後面的句子，即 S V ―, <u>doing ～</u> .。被省略的連接詞可以翻譯成「**後來～**」。

❸ She studied hard, becoming a teacher.

譯 她非常用功讀書，
　　（後來）成為了一名老師。

總結來看，**分詞構句的分詞片語大多放在句首或接後面**。放句首時，需要補充時間資訊「**一～就～**」及原因「**因為～**」來說明語意。接後面時，可翻譯成「**後來～**」。

POINT

分詞構句的模式 →

❶ 句首　　Doing〔P.P.〕～ , S V ―.　**時間及原因**
❷ 接後面　S V ―, doing〔p.p.〕～ .　**後來**

知識
補給站
α

也有分詞放中間的分詞構句

如同上面的說明，分詞構句的分詞片語「大多」放在句首或接後面，但也有放在中間的，如下方例句，句型為 S, doing [p.p.]～ , V―.，翻譯時可以解釋成「之後～」。

She, shocked at the scene, wasn't able to move.

譯 她被那幅景象嚇到之後就無法動彈。

分詞構句雖然會省略連接詞，但以省略「少了也不影響語意」的連接詞為原則。因此，分詞構句大部分都具有連接時間或原因的作用，比較通用的翻譯為「**之後～**」，但中文不一定要翻出。

49

Lesson 43 分詞構句的重要用法

分詞構句的重要用法需要動腦去記。

分詞構句的重要句型

本課介紹分詞構句的重要句型。首先是 all things considered（從各方面來看），如同下面例句，用來當作判斷的前提。

❶ All things considered, he is a good teacher.

譯 從各方面來看，他是一位好老師。

接著是 generally speaking（一般來說）。也可以把 generally 替換為 strictly 或 frankly，即 strictly speaking（嚴格來說）與 frankly speaking（老實說）。

❷ Generally speaking, it is very humid in Japan.

譯 一般來說，日本的濕度非常地高。

❸ Strictly speaking, whales are not fish.

譯 嚴格來說，鯨魚不是魚。

❹ Frankly speaking, I cannot agree with you.

譯 老實說，我不贊同你。

最後是 judging from（從～來判斷），常用在「從外表來判斷」、「從天氣來判斷」等情境下。

❺ Judging from the look of the sky, it's going to rain.

譯 從天色來看，應該快下雨了。

POINT

分詞構句的重要用法 →
❶ all things considered 　「從各方面來看」
❷ generally speaking 　　「一般來說」
❸ judging from ～ 　　　「從～來判斷」

Part
8

分詞

知識
補給站
α

all things comsidered 與 considering 的差異

considering 是「考慮到～」的意思，用法類似例句❶的 all things considered（從各方面來看）。學時不要死背，要動腦去記。

Considering his age, he looks young.

譯 考慮到年紀，他看起來很年輕。

例句❶的 all things 是分詞的主詞，從英文來看，「各方面都被考慮到了」屬於被動關係，因此 considered 也表示被動，使用過去分詞。

上方的例句省略了說話者及 we 等泛指「一般人」的主詞 S，只要想一想，就能發現 Consider his age 屬於主動關係，所以要用現在分詞 considering。遇到分詞構句，現在分詞表主動、過去分詞表被動的原則也是不變的，了解之後就不會記錯了。

Part8 分詞總整理

Lesson 40 用分詞修飾名詞

- 分詞單獨修飾　⇒　擺前面
- 分詞＋複數語句　⇒　擺後面
- 現在分詞表主動，過去分詞表被動。

Lesson 41 用分詞當作補語

- 句型2（ＳＶＣ）的補語
- 句型5（ＳＶＯＣ）的補語
- 附加狀況的 with（with ＯＣ）的補語

Lesson 42 分詞構句的基本用法

- 句首　Doing [p.p.]～, ＳＶ—. 時間及原因
- 接後面　ＳＶ —, doing [p.p.]～. 後來

Lesson 43 分詞構句的重要用法

- **all things considered**　「從各方面來看」
- **generally speaking**　「一般來說」
- **judging from** ～　　「從～來判斷」

英文文法專欄⑧

分詞是「動形容詞」，分詞構句是「動副詞」!?

❶ My hobby is collecting stamps.

譯 我的興趣是集郵。

❷ I love the baby sleeping in the cradle.

譯 我愛這個睡在搖籃裡的寶寶。

❸ Living in Sapporo, I went skiing every year.

譯 因為住在札幌，我每年都去滑雪。

　　前面已經介紹過，to do（不定詞）有 3 種用法：當名詞用、當形容詞用、當副詞用。那麼，實際上 doing 是不是也有 3 種用法呢？

　　例句❶的 doing 作名詞用，稱作「動名詞」。例句❷用來修飾前面的名詞 the baby，所以 doing 作形容詞用，稱作「分詞（現在分詞）」。例句❸用來修飾動詞 went，所以 doing 作副詞用，稱作「分詞構句」。

　　由此可知，動名詞是把 doing 當名詞用；分詞（現在分詞）是把 doing 當形容詞用；分詞構句是把 doing 當副詞用。

　　那麼按照「動名詞」的命名標準，分詞不就是「動形容詞」？分詞構句不就是「動副詞」嗎？

Lesson 44 動狀詞的主詞

[**本課 POINT！**

動狀詞的 S：不定詞為 for ～，動名詞為**所有格（受格）**，分詞構句為**主格**。]

什麼叫動狀詞？

動狀詞是不定詞（to do）、動名詞（doing）、分詞（doing、p.p.）的總稱。因為是由動詞演變而來（以動詞為基準），所以又稱「準動詞」。無論是不定詞、動名詞或分詞，都能改變型態為動詞，發揮名詞、形容詞、副詞的功用。

不定詞的主詞為for～

我們先看**不定詞的主詞**吧，寫法是**在 to do 的前面加 for ～**。**～在 for 的後面，為受格**，因此要寫成 for me 而不是 for I。

「It is 形容詞 for ～ to do.」是有名的句型，for ～就是 to do 的主詞，因此不翻成「對你來說」，會直接用「你」來表示。

> **➊ It is necessary for you to finish the task.**
>
> 譯 你需要完成這份工作。

動名詞的主詞為所有格（受格）

接著來看**動名詞的主詞**，寫法是在 doing 前放所有格（受格）。例如 driving a car（開車）這個句子，如果想加上「他」當主詞，會寫成 his /him driving a car。

my traveling abroad 這一句的 my 並不是指「我的」，請注意它是動名詞的主詞，所以要翻成「我」。

❷ My father doesn't like my traveling abroad alone.

譯 我爸不喜歡**我**單獨去國外旅行。

分詞構句的主詞為主格

最後來看**分詞構句的主詞**，它和英文句型所指的主詞不一樣時，**會在 doing 的前面放主格**。例如談論天氣時，主詞就會用 it 表示天氣。

❸ It being very cold, he had a cup of coffee.

譯 因為天氣很冷，他喝了一杯咖啡。

POINT

動狀詞的主詞 ➜
❶ 不定詞 → for ～ to do
❷ 動名詞 → 所有格（受格）doing
❸ 分詞構句 → 主格 doing

知識補給站 α

動名詞的主詞需要注意的點

動名詞的主詞雖為「所有格或受格」皆可使用，但正式用法是所有格才對。那麼，為何有時會出現受格呢？因為，把動名詞片語放在動詞受詞的位置，動名詞會接在動詞的後面，所以形式上也被視為一種受格。像例句❷也能寫成：

My father doesn't like me traveling abroad alone.

也就是說，當動名詞為主詞時，就只能使用所有格了。像是以下例句，就只能使用所有格。

His doing business will result in success.

譯 他因為經商獲得成功。

Lesson 45 動狀詞的否定句

> **本課 POINT！**
> 動狀詞的否定句一律由 not 起頭。

not起頭

動狀詞否定句的關鍵字為「**not 起頭**」。所有動狀詞，都是「在動狀詞的前面」接 not 來表示否定。**不定詞寫成 not to do，動名詞寫成 not doing，分詞構句寫成 not doing**。

例如 decide to do「決定～」，要寫成否定句「決定不～」時，**not 要放在 to do 的前面**，變成 decide not to do。

---

❶ He decided not to wait by noon.

（譯）他決定不等到中午。

decided to wait
↓
decided not to wait

接著來看「因為時間不夠而焦慮」的英語要怎麼寫，這時請**把 not 放在 having 的前面**，寫成 be frustrated at not having enough time。

---

❷ He was frustrated at not having enough time.

（譯）他因為時間不夠而焦慮。

最後來看分詞構句 Knowing what to say, ～ .（知道該說什麼），改成否定句（不知道該說什麼）時，請把 not 放在 knowing 的前面，寫成 Not knowing what to say。

---

❸ **Not knowing what to say, I kept silent.**

譯 因為不知道該說什麼，我保持沉默。

POINT 動狀詞的否定句一律**由 not 起頭**

動狀詞否定句的位置 → ❶ 不定詞 → **not to do**
❷ 動名詞 → **not doing**
❸ 分詞構句 → **Not doing ～ , S V .**

知識補給站 α **動狀詞的否定句也會用 never**

動狀詞的否定句基本上都用 not，但偶爾也會用到 never，例如下面的句子：

Tell her never to go out alone.

譯 請轉告她，不准獨自外出。

補充一下，never 的否定狀態沒限定期間。not 是表「當下不准出門」，never 則是「暫時都別出門」，兩者語感不同。下面是分詞構句使用 never 的否定句例子：

Never smoking, you can recover your health.

譯 戒菸可以使你找回健康。

Part 9 動狀詞

Lesson 46 用動狀詞表過去

> **本課 POINT！**
> 不定詞表過去用 to have p.p.，動名詞及分詞構句表過去用 having p.p.。

用動狀詞表示「在本動詞的更早之前」

　　嚴格說起來，「動狀詞表過去」其實是「用動狀詞表示在本動詞的更早之前」。「本動詞」是指句型裡的動詞，用來表示主要語意，會在需要與動狀詞作區別時特別拿來用，平時統稱動詞。以本課為例，例句❶的本動詞為 is，例句❷的本動詞為 am，例句❸的本動詞為 couldn't buy。

　　使用動狀詞表示「在本動詞的更早之前」時，**不定詞寫成 to have p.p.**，稱作「**完成式不定詞**」。例如「聽說他年輕時很聰明」這一句，因為「很聰明」發生在本動詞 is said（聽說）的更早之前，所以要用 to have been smart。

---

❶ **He is said to have been smart when he was young.**

譯 聽說他年輕時很聰明。

> to be
> ↓
> to have been
> 完成式不定詞

　　接著，**用動名詞表示「在本動詞的更早之前」**時，寫成 **having p.p.**，稱作「**完成式動名詞**」。例如「我為那些年的懶惰感到羞恥」這一句，因為「懶惰」發生在本動詞 am ashamed（羞恥）的更早之前，所以要用 having been lazy。

---

❷ **I'm ashamed of having been lazy in those days.**

譯 我為那些年的懶惰感到羞恥。

> of being
> ↓
> of having been
> 完成式動名詞

　　最後，**用分詞構句表示「在本動詞的更早之前」**時，having p.p. 多擺在句首。
例如「我已經花光了所有的錢，所以無法買這張票」這一句，因為「花光錢」比「買
票」發生得更早，所以要用 Having spent。

**❸ Having spent all my money,
I couldn't buy the ticket.**

🈩 我已經花光了所有的錢，
　　所以無法買這張票。

Spending
↓
Having spent

用分詞構句表示在本動詞的更早之前

POINT

動狀詞表過去 →
❶ 不定詞　　　→　to have p.p.
❷ 動名詞　　　→　having p.p.
❸ 分詞構句　　→　having p.p.

知識
補給站
α

have p.p. 是「以前式」!?

　　整體看下來，儘管沒有這種叫法，但 have p.p. 不就是「以前式」嗎？例句❶是指比 is said 更以前的事；例句❷是指比 am ashamed 更早以前的事；例句❸也是指比 couldn't buy 更早以前的事。完成式不定詞、完成式動名詞和分詞構句完成式，皆符合這個條件。

　　但別忘了，have p.p. 本來就是完成式在用的。現在完成式是「以現在為基準，在更早以前開始」的事；過去完成式是「以過去的某個時間點為基準，在更早以前的過去發生」的事；未來完成式是「以未來的某個時間點為基準，從更早以前持續到該時間點」的事，沒錯吧？

A：I have never been to Japan.

🈩 我從來沒去過日本。

B：I hadn't seen a lion before I was 7 years old.

🈩 我在7歲以前沒看過獅子。

　　如此這般，例句 A 的現在完成式，也是以「現在」為基準，回顧「過去」不曾去過日本。
例句 B 同樣是以「過去」的 7 歲為基準，回顧「更早以前」的往事。

Part 9 動狀詞

Lesson 47 動狀詞的被動語態

54

本課 POINT！

不定詞的被動語態為 to be p.p.，動名詞為 being p.p.，分詞構句為 p.p.。

動狀詞的被動語態

基本上，**動狀詞的被動語態會用 be 動詞＋過去分詞來表示。不定詞為 to be p.p.，動名詞為 being p.p.**；分詞構句比較需要注意，它省略了 being p.p. 的 being，只留下過去分詞 p.p.。

不定詞的被動語態 ⇒ to be p.p.

舉例來說，在 like to do「喜歡做～」的 to do 後面表示「被誇獎」這個被動語態時，就要寫成 to be praised。如此一來，語意就會變成「喜歡被誇獎」。**不定詞的被動語態為 to be p.p.**。

❶ I like to be praised by my boss.
（譯）我喜歡被老闆誇獎。

動名詞的被動語態 ⇒ being p.p.

舉例來說，在 like doing「喜歡做～」的 doing 後面表示「被罵」這個被動語態時，就要寫成 being scolded。**動名詞的被動語態為 being p.p.**。

❷ I don't like being scolded.
（譯）我不喜歡被罵。

分詞構句的被動語態 ⇒ p.p.～, S V.

　　最後來看分詞構句的被動語態 compared with ～「與～相比」，這需要動腦記憶。本來的句子寫成 compare A with B「比較 A 跟 B」，被動語態為 A be compared with B，A 因為跟句子的主詞相同而省略，也就是說，being compared with 的 being 被省略了，只留下 compared with。這是分詞構句常常出現的代表句，請一定要把 compared with ～「與～相比」背起來。

❸ **Compared with Mike, Tom is a little older.**

譯 跟麥克相比，
湯姆的年紀稍微大一些。

POINT

動狀詞的被動語態 →　❶ 不定詞　　→　to be p.p.
　　　　　　　　　　❷ 動名詞　　→　being p.p.
　　　　　　　　　　❸ 分詞構句　→　P.P. ～ , S V.

知識補給站 α　**留下 being 的分詞構句**

Being tired of the work, I decided to relax for a while.
譯 因為我工作很累了，所以決定休息一下。

　　如同上面的例句，分詞構句也有開頭不省略 being 的句子。這跟省略的句子有什麼不同呢？
　　刻意在分詞構句保留 being 的情形，是用來強調原因的。因此，看到上面這類句子時，要特別留意原因，並翻出「因為～」。

Lesson 44 動狀詞的主詞

- 不定詞用 for ～
- 動名詞用所有格（受格）
- 分詞構句用主格

Lesson 45 動狀詞的否定句　由 not 起頭

- 不定詞用 not to do
- 動名詞用 not doing
- 分詞構句用 Not doing ～ , S V.

Lesson 46 用動狀詞表過去

- 不定詞用 to have p.p.
- 動名詞和分詞構句用 having p.p.

Lesson 47 動狀詞的被動語態

- 不定詞用 to be p.p.
- 動名詞用 being p.p.
- 分詞構句 P.P. ～ , S V.

英文文法專欄⑨

of〜 不是不定詞的主詞!?

比較下列 2 句英文，留意 for us 和 of you，並翻譯成中文看看。

(a) **It is important** for us **to go at once.**

(b) **It is very stupid** of you **to believe him.**

(a) 用 for us 作不定詞的主詞，翻譯成「我們必須在第一時間趕去，這很重要」。而 (b) 的句型為 It is 〜 for 人 to do…，若在〜填入表達人物性質的形容詞（kind、stupid、wise 等），「for 人」就會變成「of 人」，乍看之下，(a) 和 (b) 是相似的句型。

但事實上，(a) 和 (b) 從開頭的 It 到不定詞（to do）都是完全不同的句型。在 (a) 句裡，It 為形式主詞，for us 作不定詞的主詞，to go 是不定詞當作名詞（做這件事），用來連接強調 for us to go（我們必須去）。

(b) 的 It 則是表示狀況的 it，跟 It's your turn.（輪到你了）、How's it going?（狀況怎樣？）的 it 是相同的。中文不見得需要翻出。

我們繼續往下看，會發現 of you 根本不是不定詞的主詞，而是用來連接強調 very stupid of you，表示 You are very stupid.（你真笨）的。(b) 的 to believe 並非不定詞作名詞的用法，而是不定詞作副詞的用法，表示「判斷依據」（竟然〜）。因此，(b) 會翻譯成「你真笨，竟然會相信他」。

乍看相似的 2 個句子，其實構造完全不同，看懂其中的差異，會幫助你加深了解英文語意。

Lesson 48 關係代名詞的基本用法

> **本課 POINT！**
>
> 先行詞是「人」時用 who / whom，是「物」時用 which。

關係代名詞的作用

　　首先，關係代名詞可以組成形容詞子句，用來說明前面的名詞（先行詞）。例如 a friend who is a famous singer 這一句，從 who 到 singer 為形容詞子句，用來說明 a friend，意思為「一位知名歌手朋友」。接著看 a U.K. song which is very popular in Japan，從 which 到 Japan 為形容詞子句，用來說明 a U.K. song，意思為「在日本相當受歡迎的英國曲子」。U.K. 是英國 United Kingdom 的縮寫。

---

❶ **I have a friend (who is a famous singer) .**

譯 我有一位知名歌手朋友。

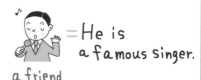

❷ **This is a U.K. song (which is very popular in Japan) .**

譯 這是在日本相當受歡迎的英國曲子。

關係代名詞如何選用

　　使用哪個關係代名詞，主要分成兩類。首先要看先行詞——關係代名詞前面的名詞性質來決定。像例句❶、❷的先行詞就是 a friend 及 a U.K. song。

　　粗略的分法為：**先行詞是「人」時用 who，是「物」時用 which（that）**。因此，例句①用 who，例句❷用 which。

　　接著，當先行詞是「人」時，我們要看關係代名詞對後面的子句來說是什麼功用，以此區分要用哪一個。當關係代名詞**擔任後面子句的主詞時**稱作**主格**，用 who；**擔任後面子句的受詞時**稱作受格，用 whom；**所有格則一律用 whose 替代**。

> ❸ **This is the man（ whom I was talking about ）.**
>
> 譯 這位是我先前提過的先生。
>
> ❹ **I have a friend（ whose father is a lawyer ）.**
>
> 譯 我有一位朋友的父親是律師。

　　在例句❶，who 對後面的 is a famous singer 來說，**功能為 S，所以用主格 who**。跳到例句❸，關係代名詞對後面的子句 I was talking about 來說，**功能為 O，所以用 whom**。在例句❹，關係代名詞用來當作 father 前面的所有格，所以用 whose。

POINT

	主格	所有格	受格
先行詞為人	who	whose	whom
先行詞為人以外	which（that）		which（that）

those who 是「凡是～的人」

　　those 是 that 的複數形式，與關係代名詞合成 those who 時，表示「凡是～的人」，這是一個常見的用法，代表句為以下諺語：

Heaven helps those who help themselves.

譯 天助自助者。

Lesson 49 關係代名詞的省略句型

57

> **本課 POINT！**
>
> 關係代名詞的省略句特徵：**名詞接 S V、後面少了受詞。**

省略關係代名詞的2個特徵

關係代名詞省略後的句子有 2 個特徵，一定要記住：1. **名詞後面接 S V**；2. **名詞後面的句子少了受詞**。被省略的關係代名詞，本來應該接在 **S 的後面**，或者出現在 **C 的後面**或 **O 的後面**。

省略句型1：S的後面

我們先看 S 後面的關係代名詞被省略的句型。例如 The movie I am watching is very interesting. 這一句，The movie I am watching 的**名詞後面接了 S V**。其次是 am watching 少了**受詞**。由此可知，movie 與 I 之間省略了關係代名詞 which / that。

❶ The movie I am watching is very interesting.
　　　　　　　▲
＊關係代名詞被省略了

🈯 我在看的電影非常有趣。

省略句型2：C的後面

接著是 **C 後面**的關係代名詞被省略的句型。我們從 the comic I like 就能看出**名詞接 S V 的語順**。此外，從 **like 少了受詞**即可看出，comic 和 I 之間省略了關係代名詞。

❷ This is the comic I like best.
　　　　　　　　　　　▲
＊關係代名詞被省略了

🈯 這是我最喜歡的漫畫。

省略句型3：O的後面

　　最後是 **O 後面的關係代名詞被省略**的句型。先自己依照本課介紹的內容，找找看關係代名詞省略在哪裡吧。

> ❸ **I don't know the topic he is talking about.**
>
> 譯 我不知道他在聊的話題。

　　首先，從 the topic he is talking about 可看出**名詞接 S V 的語順**。其次是 is talking about **沒有受詞**，由此可知，topic 和 he 之間省略了關係代名詞。

> **POINT**
>
> 關係代名詞被省略的特徵 → ❶ 名詞接 S V 的語順
> ❷ 少了受詞

知識補給站 α　關係副詞也能省略

　　本課主要介紹關係代名詞的省略句型，事實上，關係副詞也能省略。省略的時候，主要是看名詞接 S V 的語順。請看以下例句：

> **The day he arrived was a holiday.**

　　我們可以從 The day he arrived 看出名詞接 S V 的語順，由此判斷 day 和 he 之間省略了關係副詞 when。而關係副詞被省略時，不會缺少受詞。

> **The day▲he arrived was a holiday.**
> 　　　　＊關係代名詞被省略了
>
> 譯 他抵達的日子是假日。

Part **10**

關係詞

58

Lesson 50 關係代名詞的what

> **本課 POINT！**
>
> what 的作用是組成**名詞子句**，表示「**～這件事**」。

what的2個特徵

要了解 what，要先記住 2 個特徵。其中最重要的特徵為「**組成名詞子句**」表示「**～這件事**」。例如 what you are talking about（你說的事）便是一個名詞子句，可以當成 S、O、C 來用。

---

❶ **I don't understand ⟨what you are talking about⟩.**
　 S　　 V　　　　　　　　　　 O

譯 我不知道你說的事情。

其次是，**關係代名詞的 what 後面會是「不完整的句子」**。不完整的句子是指句子裡**缺少主詞或受詞**。像例句❶的 talking about 就沒有受詞。其他關係代名詞的作用是**用 which 或 who 組成「形容詞」子句**，用來修飾前面的名詞，而 what 的作用是組成「名詞」子句，兩者功能並不相同。

再者，關係代名詞的 what 有非常多的慣用句。尤其是 what S be，**be 用現在式就是在說「現在的 S」**；be 用過去式或 used to be 是指「**過去的 S**」。舉例來說，what I am 是「現在的我」；what he was 是「從前的他」。

---

❷ **You make me ⟨what I am⟩.**

譯 多虧了你，才有現在的我。

---

❸ He is now different from 〈what he was〉 .

現在的他　　　從前的他

譯 他跟從前判若兩人。

POINT

what 的特徵　→　❶ 組成名詞子句表示「～這件事」
　　　　　　　　 ❷ 後面的句子不完整

what 的慣用句
• 「現在的 S」　⇒　what S is〔am / are〕
• 「過去的 S」　⇒　what S was〔were / used to be〕

---

what 沒有先行詞的原因

　　和其他關係代名詞不同的是，what 的句子裡沒有先行詞。原因請看以下例句，what ＝ the thing which ～，這表示 what 是一個已經包含了先行詞 the thing(s) 的關係代名詞。

I'm not sure about the thing which you are saying.
= I'm not sure about 〈what you are saying〉.

譯 我不知道你在說什麼事。

Part
10

關係詞

Lesson 51 關係副詞

59

> **本課 POINT !**
> 關係副詞分成 4 種：when、where、why、how。

關係副詞用哪個，由先行詞決定

　　關係副詞與關係代名詞相同，作用都是組成形容詞子句，用來修飾前面的名詞。關係副詞依照先行詞的不同分成 4 種，**先行詞為 time、day 等「時間」時用 when；先行詞為 place、city 等「地點」時用 where；先行詞為 reason（原因）時用 why；先行詞為「方法」時用 how。**

---

❶ Sunday is the day（when I spend time with my family）.

譯 星期天是我跟家人相處的日子。

the day 這是日期 → when

---

❷ This is the city（where I went last year）.

譯 這是我去年拜訪過的城市。

the city 這是地點 → where

---

❸ I don't know the reason（why she looks happy）.

譯 我不明白她為什麼看起來這麼快樂。

the reason 這是原因 → why

how 的用法比較需要注意，因為它不需要先行詞。舉例來說，使用 the way 時寫成 the way S V，使用 how 時寫成 how S V，兩者意思相同。

---

❹ The Internet has changed 〈how we live〉.

譯 網路改變了我們的生活方式。

POINT

關係副詞與先行詞的關係

先行詞	時間	地點	原因	方法
關係副詞	when	where	why	how

知識補給站 α

關係代名詞和關係副詞的差別

　　這樣看下來，關係代名詞和關係副詞似乎很像，兩者的作用都是組成形容詞子句，用來修飾前面的名詞。前面提到，要用哪一個，要看先行詞的性質來決定。那麼，假如先行詞為地點，就一定要用 where 嗎？比較看看以下 2 個例句：

A：This is the park which I often visit.
B：This is the park where I often go.

　　這 2 句只有 park 後面不一樣，看來無法單靠先行詞來決定要用哪一個，因此差別要看後面的句子。例句 A 的 visit 是他動詞，這是後面一定要接受詞的動詞，由此可知，例句 A 的 which 後面的句子少了名詞，為不完整的句子，因此要用關係代名詞。另一方面，例句 B 的 go 是自動詞，後面不需要接受詞，這是一個沒有缺少名詞的完整句子，這時候就要使用關係副詞。

Part 10 關係詞

Part 10 關係詞

複合關係代名詞①

> **本課 POINT！**
> 複合關係代名詞有「任意」與「讓步」2種意思。

什麼叫複合關係代名詞？

複合關係代名詞會在關係代名詞的後面加上 ever，就是我們常聽到的 whoever、whatever 等，意思主要分成2種，即「任意」與「讓步」。任意是指「怎樣都好」、「誰來都好」，具有「隨便吧」的意思。本課先來看「任意」，下一課再來講解「讓步」。

任意的意思為「做這個動作的○○是哪個○○都好」，在這個前提下，把複合關係代名詞所代表的主題填入○○裡。舉例來說，whoever 就填入「人」，變成「做這個動作的『人』是哪個『人』都好」；whatever 就填入「物」，變成「做這個動作的『物』是哪個『物』都好」；whichever 就是「做這個動作的『物』是『哪幾個物』都好」……以此類推，whenever 是「時間」，wherever 是「地點」。

複合關係代名詞的「任意」用法

例如 whoever wants it 這一句，即透過子句表達「想要這個東西的人，是哪個人都好」。

❶ You may give this present to whoever wants it.

譯 你可以把這個禮物任意送給想要它的人。

接著看 whatever you want，意思為「只要是你想要的東西，是哪個東西都好」。

❷ I'll give you whatever you want.

譯 只要是你想要的東西，我都會送給你。

接著看 whichever you like，意思為「只要你喜歡，哪一個都可以」。附帶一提，whatever 無特定範圍對象，whichever 有特定範圍對象。

③ I have two presents. Take whichever you like.

譯　我這裡有 2 個禮物，你可以挑你喜歡的帶走。

whenever you visit Sapporo 的意思則為「無論何時，只要你來札幌」。

④ Please let me know whenever you visit Sapporo.

譯　無論何時，只要你來札幌，
　　請一定要讓我知道。

最後看 wherever she wants to go，意思為「無論是哪裡，只要她想去」。

⑤ I'll follow my daughter wherever she wants to go.

譯　無論是哪裡，只要女兒想去，
　　我都會帶她去。

POINT　複合關係代名詞 表任意「做這個動作的○○是哪個○○都好」

❶ whoever	人	「做這個動作的『人』是哪個『人』都好」
❷ whatever	物	「做這個動作的『物』是哪個『物』都好」
❸ whichever	限定物	「做這個動作的『物』是『（哪幾個）物』都好」
❹ whenever	時間	「做這個動作的『時間』是哪個『時間』都好」
❺ wherever	地點	「做這個動作的『地點』是哪個『地點』都好」

Lesson 53 複合關係代名詞②

> 本課 POINT！
>
> 「讓步」的意思為「無論○○，都～」。

複合關係代名詞的「讓步」用法

複合關係代名詞表「讓步／不讓步」時，意思為「無論○○，都／都不～」，○○請填入複合關係代名詞所代表的主題。whoever 是「無論『誰』都～」；whatever 是「無論『什麼事』都～」；whichever 是「無論『哪一個』都～」；whenever 是「無論何時～」；wherever 是「無論何地～」；however 是「無論再怎麼～」。

舉例來說，whoever comes 就是「無論誰來」。

❶ Whoever comes, I won't let him or her in.

譯 無論誰來，我都不讓他們進來。

接著看 whatever happens，「無論發生什麼事」。

❷ Whatever happens, I must go home by noon.

譯 無論發生任何事，我都必須趕在中午回家。

再來是 whichever you choose，「無論你選哪一個」。同上一課，whatever 無特定範圍對象，whichever 有特定範圍對象。

❸ Whichever you choose, you will like it.

譯 無論你選哪一個，你都會喜歡它。

接著是 whenever they come，「無論幾點來」。

❹ Visitors are welcome, whenever they come.

譯 隨時恭候顧客造訪。

再看 wherever you may move，「無論你搬去哪裡」。這邊的 may 也表示讓步，但不用特別翻譯出來，它常常跟複合關係代名詞的「讓步」一起登場。

❺ I'll follow you wherever you may move.

譯 無論你搬去哪裡，我都願意跟你去。

最後是 however，它只會用在「讓步」的語意上，後面接形容詞及副詞，意思為「無論再怎麼～」。

❻ However difficult it may be, you should do your best.

譯 無論再怎麼困難，你都要拿出全力。

Part
10
關係詞

POINT		複合關係代名詞 表讓步「無論○○，都～」
❶ whoever	誰	「無論『誰』都～」
❷ whatever	什麼事	「無論『什麼事』都～」
❸ whichever	哪個	「無論『哪一個』都～」
❹ whenever	幾點	「無論何時～」
❺ wherever	在哪	「無論何地～」
❻ However	無論	「無論再怎麼～」

Part10 關係詞總整理

Lesson 48 關係代名詞的基本用法

關係代名詞可以組成形容詞子句，用來說明前面的名詞

	主格	所有格	受格
先行詞為人	who	whose	whom
先行詞為人以外	which（that）		which（that）

Lesson 49 關係代名詞的省略句型

關係代名詞的省略句特徵：名詞接 S V、後面少了受詞

Lesson 50 關係代名詞的 what

what 的特徵
- 組成名詞子句表示「～這件事」
- 後面的句子不完整

Lesson 51 關係副詞

先行詞	時間	地點	原因	方法
關係副詞	when	where	why	how

Lesson 52、53 複合關係代名詞①、②

- 關係代名詞＋ ever
- 表「任意」「做這個動作的○○是哪個○○都好」＊○○為名詞
- 表「讓步」「無論○○，都～」

COLUMN

英文文法專欄⑩
關係代名詞＝代名詞＋ ?

　　許多人一提到「關代」就頭痛，主要的原因在於日文（和中文）裡沒有這種詞類。但其實，關係代名詞是由我們熟悉的兩種詞組合而成的。從「關係代名詞」的命名方式便能看出，它最主要的性質為「代名詞」，用來替代前面出現的名詞。接下來，請挑戰看看以下習題：

問題：請在下方空格裡，填入相當於上方劃線處的字。

I have a friend and he lives in Sapporo.

= I have a friend（　　　）lives in Sapporo.

　　正確答案是關係代名詞 who。上方的句子直譯的意思為「我有個朋友，他住在札幌」，下方的句子為「我有個住在札幌的朋友」，兩者意思是一樣的。

　　事實上，解開這題之後，各位應該都發現關係代名詞的「真面目」了。我們把劃線處的 and he 濃縮成 1 個字，即關係代名詞的 who。換句話說，關係代名詞（who）＝連接詞（and）＋代名詞（he）。它只需要用到 1 個字，就兼顧了連接詞和代名詞的作用。

　　只要了解關係代名詞具有「替代前面出現的名詞」的「代名詞」性質，與連接 2 個句子的「連接詞」性質，是個方便好用的酷東西，就會瞬間覺得它挺可愛的吧？對了，關係副詞同樣兼具了「副詞」與「連接詞」的功用喔。

原級的基本用法

> **本課 POINT！**
>
> 原級要多加留意否定句 not so/as ～ as。

英文的「比較」分成3種

先大致介紹一下「比較」的概念。英文的比較分成 3 種，分別是：原級、比較級、最高級。原級的形容詞或副詞不會變化，用來表示 2 個東西是一樣的。比較級會在形容詞或副詞後面加 er，或是在較長的形容詞或副詞前面加 more，用來表示 2 個東西並不一樣。最上級會在形容詞或副詞後面加 est，或是在較長的形容詞或副詞前面加 more，用來表示超過 3 個東西裡面最厲害的。本課先介紹原級。

原級的基本句型及否定句

寫法：用 as ～ as 把原級的形容詞或副詞（不會產生變化）夾在中間，意思為「一樣～」。

❶ My teacher is as old as my father.

譯 我的老師和我的父親一樣年紀。

原級要留意否定句。原級的否定句，**前面的 as 也可以寫成 so 來加強語氣**。先看 He is as tall as my brother. 這一句，「身高」的比較關係為 He = my brother，但在否定句會變成 He ＜ my brother（他的身高小於哥哥），這是特別需要注意的地方。

❷ He is as tall as my brother.
　　　　↓
❸ He is not so〔as〕tall as my brother.

譯 他沒有我哥高。

not so/as ～ as 也可以替換成 less ～ than（不及～）。因此例句❸也可以寫成 He is less tall than my brother.。less 的後面不用比較級 taller，用原級就好。

POINT

原級的基本用法 ➔　❶ as ～ as ...「一樣～」
　　　　　　　　　❷ ～用原級（～的詞不用變化）
　　　　　　　　　❸ not so/as ～ as「不及～」

知識補給站 α　**為什麼 A is not as ～ as B 會變成 A < B 呢？**

　　本課令人在意的是例句❸，為什麼最後會變成「他的身高＜哥哥的身高」呢？as ～ as 不是「等於」的意思嗎？為什麼否定句 not as ～ as 會變成「不及～」（小於）的意思呢？如果你會感到奇怪，就是不小心誤解 as ～ as 的意思了。

　　嚴格來說，as ～ as 不是「等於」，而是「等於或超過」的意思，正確的符號應該是≧（大於等於號）才對。因此，若要精確地翻譯 I am as tall as my brother. 這個句子，應該是「我和哥哥一樣高或比他更高」。否定之後，＞（大於）和＝（等於）一併被否定，當然會變成＜（小於）啦。因此，I am not as/so tall as my brother. 當然就是「我沒有哥哥高」的意思。這也就是 not as ～ as 變成「不及～」（＜小於）的原因。只要了解英文文法的本質，就能解開這些疑惑。

Part 11　比較

Lesson 55 原級的重要用法

64

本課 POINT！

as soon as possible，「**盡快**」。

原級的重要用法

原級有 2 個重要用法：1. as ～ as possible，即「**盡量～**」；2. 標示倍數：○ times as ～ as A，即「**A 的○倍～**」。

as ～ as possible 的 possible 為「可能」，因此整個句子可看成「和可能一樣～」＝「**盡量～**」，其中最具代表的用法就是 as soon as possible「**盡快**」，它常常縮寫成 ASAP，出現在各種地方。

---

❶ Please finish this work as soon as possible.

譯 請盡快完成工作。

這個用法也能替換成 as ～ as S can。

接著是 ○ times as ～ as A，「**A 的○倍～**」。寫法是在 as ～ as 的前面標示**倍數**，3 倍就寫 three times，4 倍就寫 four times，以此類推。

---

❷ This town is four times as large as that one.

譯 這座城鎮是那座城鎮的 4 倍大。

順帶一提，2 倍是 twice，一半是 half。

❸ I have twice as much money as you have.

譯 我有的錢是你的 2 倍。

上述例句由於是在比較金額，所以要把 much money 放在 as ～ as 之間作比較，寫成 as much money as。

POINT

原級的重要用法 ➜
❶ as ～ as possible「**盡量～**」
❷ ○ times as ～ as A，「**A 的○倍～**」
＊ 2 倍是 twice，一半是 half

知識
補給站 α

not so much A as B 是原級否定句

not so much A as B 的意思為「與其說是 A，不如說是 B ～」，這是相當重要的原級句型，而且是一個原級否定句。按照上一課教的 not so/as ～ as「不及～」的邏輯，意思即為「A 不及 B」。我們來看以下例句：

He is not so much an actor as a singer.

這句話直譯的意思為「他身為演員不及他身為歌手」，用不等號來表示就是「**演員＜歌手**」，按照英文的語順來翻譯，就會變成「**與其說他是演員，不如說他是歌手**」，這也是 not so much A as B 會翻成「與其說是 A，不如說是 B ～」，光看翻譯不像否定句的原因。

65

Lesson 56 比較級的基本用法

> **本課 POINT！**
> 看到 than 就知道是比較級。

比較級的辨識標誌為「than」

比較級用來表示「2 個東西裡面，哪 1 個比較～」，其最大的重點為 than「更～」。在英文裡，作為比較基準的東西會擺在 than 的後頭，寫成比較級＋ than ～。比較級跟 than 基本上會是一組，兩者會同時出現，要特別記住。

❶ I like Japanese movies better than American movies.

🈑 比起美國電影，我更喜歡日本電影。

附帶一提，例句❶的 better 是 well 的比較級，表示「以上」。接著我們也要知道「以下」該怎麼寫。用 than 表示以下時，為了避免語句重複，會使用「代動詞」的 do。

❷ My father leaves home earlier than I do.

🈑 我爸比我 （出門） 早出門。

其次的重點為比較級的強調用法。原級雖然能用 very（非常）來強調，但比較級不這麼做。例如英文會說 My brother is very intelligent，但不會說 My brother is very more intelligent than I.。比較級在強調時會用 much（更加），如果要比 much 更多則用 far（遠超過）。

③ My brother is much more intelligent than I.

譯 我弟比我更加聰明。

此外，even (still) 的意思是「更加」，也能在比較級用來強調程度。例如 good 的比較級 better 用 even 來強調的話，就會變成 even better，表示「更加厲害」。

④ He is good at singing, but he is even better at playing.

譯 他很會唱歌，但更會演戲。

POINT

比較級的基本用法 →
- ❶ 比較級用 than 表示「更～」
- ❷ 比較級強調時用 much
  - far
  - even (still)

知識補給站 α

比較的東西種類要相同

比較時要注意，只有同性質的東西可以拿來比較。例如 The population of Japan is larger than Canada. 就是一個錯誤的句子，知道為什麼嗎？

這個句子犯了拿「日本的人口」比較「加拿大」的語病。比較的東西必須相同，所以要用「日本的人口」比較「加拿大的人口」。下面這句才是正確寫法，在這邊搬出 that 當 the population 的代名詞。

The population of Japan is larger than that of Canada.

譯 日本的人口比加拿大的人口多。

Part
11

比較

Lesson 57 比較級的重要用法

66

了解「the 比較級」的 2 個 the 分別代表什麼意思。

比較級的重要用法有：1. the 比較級 of the two，指「2 個當中～的那 1 個」；2. the 比較級 ～ , the 比較級 ～，指「越～，就越～」。

用the表示「僅限1個」

句型：the 比較級 of the two 的第 1 個 the 是比較重要的那 1 個。the 的本質為「僅限 1 個」，因此表示最高級時幾乎都會用到 the，但比較級也能用 the 來表示「僅限 1 個」。例如 the shorter of the two（2 個人當中矮的那 1 個）就是「僅限 1 個」，所以會用 the。

❶ She is the shorter of the two.

譯 她是 2 個人當中比較矮的那 1 個。

用the表示「就只是越來越～」

接著介紹比較級裡最重要的句型：the 比較級 ～ , the 比較級 ～，「越～，就越～」。第 1 個 the 的作用是連接前後 2 個句子，第 2 個 the 才是比較重要的那 1 個，表示「就只是越來越～」的意思。

❷ The older you are, the wiser you become.

譯 越老越聰明。

這個用法有時句型會長得不太一樣，看時需要小心。像例句❷，本來應該是把 you are older 或 you become wiser 的 older 和 wiser 放在前面的。

最後要留意，the 比較級 ～ , the 比較級 ～這個句型常常出現省略句，像是省略了 S V 或 be 動詞等。舉例來說，The sooner, the better. 就省略了 it is。這個 it 是表「時間」、「狀況」的 it，沒有特別的意思。

---

❸ **The sooner（it is）, the better（it is）.**

譯 越快越好。

POINT

比較級的重要用法 → ❶ the 比較級 of the two「**2個當中～的那1個**」
❷ the 比較級 ～ , the 比較級 ～
「**越～，就越～**」

知識補給站 α

當作「指示副詞」的 the

如同例句❷、❸的 the 比較級 ～ , the 比較級 ～，第 2 個 the 表示「就只是越來越～」並指前面的句子，這是一種特殊的詞類，叫「指示副詞」。「就」這個字用來指前面的句子，所以稱「指示」。而比較級不是形容詞就是副詞，所以要用副詞來修飾。

作指示副詞用的 the 還能用在其他比較級的句型上，像是：all the 比較級 for ～「只因為這樣，所以更～」。例如 all the better for his shyness 這一句，就是使用 all 來強調程度，再用 the 來當指示副詞，指 his shyness。

I like him all the better for his shyness.

譯 因為他很害羞，所以我**更**喜歡他。

讀英文時不要死背文法規則，了解它的原理，就能把零散的知識連成線，藉此融會貫通。

Part **11**

比較

Lesson 58 最高級的基本用法

67

[本課 POINT！

了解最高級加 the 的原因。]

the的本質為「僅限1個」

最高級用來表示「超過 3 個以上的東西裡面，哪個最～」，首要的重點為：在形容詞或副詞的最高級前面加上 the。因為 the 的本質為「僅限 1 個」，所以和最高級的「最～」特別搭。

---

❶ I am the tallest in my class.

譯 我是班上最高的。

我們可從意義上明白 the 和最高級很搭的原因，但從文法上來看，the 可以擺在形容詞 tallest 的前面嗎？

事實上，例句❶本來應該是 I am the tallest man in my class.，只是 man 被省略了。而從文法上，在名詞 man 的前面加 the 是很自然的用法。相對地，假如副詞的最高級不適合用來修飾名詞，前面就不會加 the。最高級加 the 似乎已成慣例，但沒加 the 的副詞用法也常常出現。

❷ He runs fastest in my class.

譯 他是班上跑最快的。

其次的重點為：**最高級的範圍會用 in 來表示**。最高級需要清楚標示「哪個範圍裡的第 1 名」，因此如同例句❶、❷的「在班上最～」，**in 專門用來指全體或場所**。

另一方面，**後面接複數名詞時要用 of**，以表示「所有東西裡面的第 1 名」。

---

❸ **My wife is the most important of all the things.**

譯 我所有生活的最大重心，就是我太太。

POINT

最高級的
基本用法 → ❶ 最高級會加 the 表示「僅限1個」
❷ the 最高級＋ in ～「～裡面最～」＊ in 指全體
❸ tthe 最高級＋ of ～「～裡面最～」＊ of 指複數名詞

Part
11
比
較

知識補給站 α **沒有 the 的最高級**

如同本課的說明，最高級並不是一定要加 the 不可，the 的本質是「僅限 1 個」，這才是最高級加 the 的原因。英文也有以下例句：

The lake is deepest at that point.

譯 這就是這座湖最深的地方。

這句的 deepest 前面就不加 the。因為它並沒有在跟其他湖比較，只是在說這座湖本身的狀況，所以不需要用 the 表示僅限 1 個。這就是有些最高級不加 the 的由來。

68

Lesson 59 相當於最高級的用法

[**本課 POINT！**

相當於最高級的用法，**主詞會用否定，或在後面加 any**。]

什麼叫「相當於最高級的用法」？

「相當於最高級」是指「句型上為原級或比較級，實際上的意思表最高級」。這主要有 3 個用法：**1. 主詞加 no other 單數名詞；2. 主詞加 nothing；3. 在 than 的後面用 any（其他～）**。此外，**原級或比較級句子裡的主詞會用否定，或是在 than 的後面加 any**。

先看**主詞加 no other** 的模式：

❶ **No other mountain in Japan is higher than Mt. Fuji.**

譯 在日本沒有其他山比富士山高。

接著是**主詞加 nothing** 的模式：

❷ **Nothing is so precious as life.**

譯 沒有任何東西比生命更重要。

最後是**在 than 的後面用 any other 單數名詞**的模式：

3 **He is smarter than any other boy in his class.**

譯 他比班上的其他男孩都要聰明。

POINT

相當於最高級的用法 → **①** 主詞加 no other 單數名詞
② 主詞加 nothing
③ 在 than 的後面用 any（其他～）

知識
補給站 α

「couldn't ＋比較級」相當於最高級

比較以下 2 個例句：

A：It couldn't be better.

譯 太棒了。

B：I couldn't agree more.

譯 不能同意更多（100% 贊同）。

　　這 2 個句子分別用了比較級 better 和 more，但意思表示最高級，因此也是相當於最高級的用法。

　　假定例句 A 省略了 than now，還原之後的句子為 It couldn't be better (than now). ＝「不可能比現在更好」＝「（現在）太棒了」。假定例句 B 省略了 than this，還原之後的句子為 I couldn't agree more (than this).，意指「不能同意你更多」＝「100% 贊同」。由此可知，「couldn't ＋比較級」相當於最高級。

Lesson 54 原級的基本用法

• 原級形容詞或副詞夾在 as ～ as 的中間，不會產生變化。
• as ～ as 為「一樣～」；否定句為 not so/as ～ as「不及～」。

Lesson 55 原級的重要用法

• **as soon as possible** 「盡快」
• ― **times as** ～ **as A**「A 的○倍～」。

Lesson 56 比較級的基本用法

看到 than 就知道是比較級 & 強調時用 much、far、even (still)

Lesson 57 比較級的重要用法

• **the 比較級 of the two** 「2個當中～的那1個」
• **the 比較級 ～ , the 比較級 ～**「越～，就越～」

Lesson 58 最高級的基本用法

• 最高級會加 the 表示「僅限1個」
• 最高級的範圍用 in 或 of

Lesson 59 相當於最高級的用法

句型上為原級或比較級，實際上的意思表最高級 & 主詞會用否定，或在後面加 any。

英文文法專欄⑪
解開鯨魚句型之謎！

　　最後向大家介紹英文文法界有名的句型，因為例句中有鯨魚登場，所以暱稱為「鯨魚句型」。這個句型用一般方法解釋太複雜，所以大部分的參考書都省略，或嘗試用各種簡單的方法來解釋。

A whale is no more a fish than a horse is.

🈯 鯨魚和馬一樣不是魚。

　　正式的句型解法為 no more A than B「和 B 一樣不是 A」，或 A is no more B than C is D.「A 不是 B，就像 C 不是 D」。前者雖然簡潔，但後者更接近正確文法。

　　想要正確看懂鯨魚句型，需要從 2 個角度來理解。首先要知道，這整個句子是在比較句子與句子之間的真實性；其次是要了解，坊間的翻譯只是「意譯」。

　　上面的例句本來是在比較 A whale is a fish. 與 A horse is a fish. 哪一邊才是真的，而 no more 用來表示「沒有比這更真實的了」＝「它們一樣」。因此直譯應該是「鯨魚是魚，就跟馬是魚一樣」。

　　但只要冷靜想想就會發現，鯨魚住在海裡，不知道鯨魚是哺乳類的人，會把鯨魚錯當成魚也是在所難免，但馬怎麼會是魚呢？

　　沒錯，這個句子的用意是用誇張的反話讓你發現「說鯨魚是魚，就跟說馬是魚一樣，是不可能的啦！」⇒「別鬧了！」⇒「鯨魚不是魚，馬也不是魚！」，藉此通往正確答案。

鍛鍊4種英文技能

一邊閱讀下列例句，一邊進行英文的聽、說、讀、寫練習。

聽 + 說 + 讀 練習

1 I brush my teeth every morning.
2 The earth goes around the sun.
3 I was absent from lectures yesterday.
4 I will go to Kyoto.
5 I am going to (go to) Kyoto.
6 I have been reading a book since this morning.
7 I have been to Hawaii three times.
8 I had been watching TV for 3 hours when she came back.
9 The train had already left when I arrived at the station.
10 I am taking a walk in the park now.

寫 練習

11 我住在札幌。

I (　　　　)(　　　　)(　　　　).

12 請問到車站要怎麼走？

(　　　)(　　　　)(　　　　)(　　　)(　　　　)(　　　)

(　　　)(　　　　)(　　　)?

13 他去美國了（現在不在）。

He (　　　)(　　　　)(　　　　)(　　　)(　　　　).

鍛鍊4種英文技能

- -

一邊閱讀下列例句，一邊進行英文的聽、說、讀、寫練習。

聽 ＋ 說 ＋ 讀 練習 　　　　　　　　　71 🎧

1　You must finish your homework.
2　You should be more careful.
3　You may go there alone.
4　She must be over fifty.
5　He cannot be tired.
6　I might catch the train.
7　Students have to wear a uniform at the high school.
8　You ought to respect your parents.
9　He was able to win the game.
10　I would rather stay home than go out.

寫 練習

11　我來幫你開門吧？
　　(　　　)(　　　)(　　　)(　　　)(　　　)?
12　方便請教大名嗎？
　　(　　　)(　　　)(　　　)(　　　)(　　　)?
13　你應該要來夏威夷的。
　　You (　　　)(　　　)(　　　)(　　　)(　　　).

鍛鍊4種英文技能
一邊閱讀下列例句，一邊進行英文的聽、說、讀、寫練習。

 練習

 72

1 If I were a bird, I could fly in the sky.
2 If you had been with me, you would not have done such a thing.
3 If I had taken his advice then, I would be happier now.
4 If it were not for water, we could not live.
5 If it had not been for the rain, I would have been on time.
6 Without your help, I could not have won the prize.
7 I wish I knew her address.
8 I wish I had bought the comic.
9 He talks as if he knew what happened.
10 It is time you took a bath.

寫 練習

11 要是能跟她約會就好了。
I (　　　)(　　　)(　　　)(　　　)(　　　)(　　　)
(　　　).

12 他的表情彷彿看見了恐怖電影。
He looked (　　　)(　　　) he (　　　)(　　　)
a horror movie.

13 你差不多該睡覺了。
It is (　　　)(　　　)(　　　)(　　　)(　　　).

154

Part 4 句型

一邊閱讀下列例句，一邊進行英文的聽、說、讀、寫練習。

聽 + 說 + 讀 練習

73

1　I run in the park every morning.
2　I always walk to my school.
3　The children played happily on the floor.
4　There are many chairs in the restaurant.
5　He got angry.
6　He looked happy.
7　He became a doctor.
8　I will give my daughter some presents tomorrow.
9　He told us goodbye.
10　It took me a lot of time to get to the station.

寫 練習

11　我把車借給她。

　　I (　　　)(　　　)(　　　)(　　　).

12　我認為這部電影很有趣。

　　I (　　　)(　　　)(　　　)(　　　).

13　我的姊妹帶給我好心情。

　　(　　　)(　　　)(　　　)(　　　)(　　　).

鍛鍊4種英文技能

一邊閱讀下列例句，一邊進行英文的聽、說、讀、寫練習。

 練習

74

1　My bag was stolen.

2　Many books are sold at that store.

3　The window was broken by a young boy.

4　The work must be finished by tomorrow.

5　My car has been repaired.

6　I was spoken to by a stranger.

7　I was laughed at by everybody in the class.

8　The actor is known to people all over the world.

9　My car was covered with snow.

10　Many people were killed in the accident.

寫　練習

11　這個房間今天沒人使用。

(　　　)(　　　)(　　　)(　　　)(　　　)(　　　).

12　這棟購物中心正在建設當中。

(　　　)(　　　)(　　　)(　　　)(　　　)(　　　).

13　我在33歲的時候結婚了。

I (　　　)(　　　) when I was 33 years old.

鍛鍊4種英文技能

一邊閱讀下列例句，一邊進行英文的聽、說、讀、寫練習。

聽 + 說 + 讀 練習

75

1　I like to take a walk.
2　My dream is to be a professional soccer player.
3　I made a plan to study abroad.
4　I was very sad to hear the news.
5　I went home in order to change my clothes.
6　He grew up to be a famous singer.
7　He lived to be one hundred.
8　He worked hard only to fail in the game.
9　My father made me leave the company.
10　Her mother let her go there.

寫 練習

11　他拜託秘書預約會議室。

He had (　　　)(　　　)(　　　)(　　　)(　　　)
(　　　).

12　我看見媽媽走進屋子裡。

I (　　　)(　　　)(　　　)(　　　)(　　　)(　　　).

13　我聽見有人在呼喚我的名字。

I (　　　)(　　　)(　　　)(　　　)(　　　).

鍛鍊4種英文技能

一邊閱讀下列例句，一邊進行英文的聽、說、讀、寫練習。

聽 + 說 + 讀 練習

76

1 Watching soccer games is fun.
2 I like watching soccer games.
3 My hobby is watching soccer games.
4 I remember meeting you somewhere.
5 Don't forget to return my key to me.
6 I enjoy reading books every day.
7 He gave up drinking last year.
8 I finished doing my homework last night.
9 He decided to travel abroad alone.
10 I hope to see you again.

寫 練習

11 我想坐這裡。

I (　　　)(　　　)(　　　)(　　　) here.

12 他拒絕和她說話。

He (　　　)(　　　)(　　　)(　　　)(　　　).

13 我擅長踢足球。

I (　　　)(　　　)(　　　)(　　　)(　　　).

鍛鍊4種英文技能

一邊閱讀下列例句，一邊進行英文的聽、說、讀、寫練習。

 練習

77

1 a baby crying in the cradle
2 the door broken by Tom
3 I heard someone knocking on the door.
4 She sat with her eyes closed.
5 Seeing the policeman, the man ran away.
6 She studied hard, becoming a teacher.
7 All things considered, he is a good teacher.
8 Generally speaking, it is very humid in Japan.
9 Judging from the look of the sky, it's going to rain.
10 Considering his age, he looks young.

寫 練習

11 因為我昨天很晚睡，所以今天很睏。

(   )(   )(   )(   )(   ), I'm sleepy today.

12 她被那幅景象嚇到之後就無法動彈。

She, (   )(   )(   )(   ), wasn't able to move.

13 她被自己的孩子圍坐著。

She (   )(   )(   )(   )(   ).

鍛鍊4種英文技能

- -

一邊閱讀下列例句，一邊進行英文的聽、說、讀、寫練習。

聽 + 說 + 讀 練習

78

1 It is necessary for you to finish the task.
2 My father doesn't like my traveling abroad alone.
3 It being very cold, he had a cup of coffee.
4 He decided not to wait by noon.
5 Not knowing what to say, I kept silent.
6 He is said to have been smart when he was young.
7 Having spent all my money, I couldn't buy the ticket.
8 I like to be praised by my boss.
9 I don't like being scolded.
10 Compared with Mike, Tom is a little older.

寫 練習

11 他因為時間不夠而焦慮。

He was (　　　)(　　　)(　　　)(　　　) enough
time.

12 我們必須在第一時間趕去，這很重要。

(　　　)(　　　)(　　　)(　　　)(　　　)(　　　)
(　　　) at once.

13 你真笨，居然會相信他。

(　　　)(　　　)(　　　)(　　　)(　　　)(　　　)(　　　)
believe him.

鍛鍊4種英文技能

一邊閱讀下列例句，一邊進行英文的聽、說、讀、寫練習。

 練習

79

1　I have a friend who is a famous singer.

2　This is a U.K. song which is very popular in Japan.

3　I have a friend whose father is a lawyer.

4　This is the comic I like best.

5　I don't understand what you are talking about.

6　Sunday is the day when I spend time with my family.

7　This is the city where I went last year.

8　I don't know the reason why she looks happy.

9　The Internet has changed how we live.

10　You may give this present to whoever wants it.

寫 練習

11　無論何時，只要你來札幌，請一定要讓我知道。

Please (　　　)(　　　)(　　　)(　　　)(　　　)

(　　　) Sapporo.

12　無論發生任何事，我都必須趕在中午回家。

(　　　)(　　　), I (　　　)(　　　)(　　　) by

noon.

13　無論再怎麼困難，你都要拿出全力。

(　　　)(　　　)(　　　)(　　　)(　　　), you should do

your best.

鍛鍊4種英文技能

一邊閱讀下列例句，一邊進行英文的聽、說、讀、寫練習。

聽 + 說 + 讀 練習

80

1　My teacher is as old as my father.
2　He is not so tall as my brother.
3　Please finish this work as soon as possible.
4　This town is four times as large as that one.
5　I have twice as much money as you have.
6　He is not so much an actor as a singer.
7　I like Japanese movies better than American movies.
8　My father leaves home earlier than I do.
9　My brother is much more intelligent than I.
10　She is the shorter of the two.

寫 練習

11　越老越聰明。
　　(　　　)(　　　)(　　　)(　　　), (　　　)(　　　)
　　(　　　)(　　　).
12　我是班上最高的。
　　I (　　　)(　　　)(　　　)(　　　)(　　　)(　　　).
13　沒有什麼比生命更重要了。
　　(　　　)(　　　)(　　　)(　　　)(　　　)(　　　).

解答

Part1

11 I (live) (in) (Sapporo).

12 (Could) (you) (tell) (me) (the) (way) (to) (the) (station)?

13 He (has) (gone) (to) (the) (U.S.)

Part2

11 (Shall) (I) (open) (the) (door)?

12 (May) (I) (have) (your) (name)?

13 You (should) (have) (come) (to) (Hawaii).

Part3

11 I (wish) (I) (had) (a) (date) (with) (her).

12 He looked (as) (if) he (had) (seen) a horror movie.

13 It is (about) (time) (you) (went) (to) (bed).

Part4

11 I (lent) (her) (my) (car).

12 I (found) (the) (movie) (interesting).

13 (My) (sister) (made) (me) (happy).

Part5

11 (This) (room) (is) (not) (used) (today).

12 (The) (shopping) (center) (is) (being) (built).

13 I (got) (married) when I was 33 years old.

Part6

11 He had (his) (secretary) (reserve) (a) (meeting) (room).

12 I (saw) (my) (mother) (enter) (the) (house).

13 I (heard) (someone) (call) (my) (name).

Part7

11 I (would) (like) (to) (sit) here.

12 He (refused) (to) (talk) (with) (her).

13 I (am) (good) (at) (playing) (soccer).

Part8

11 (Staying) (up) (late) (last) (night), I'm sleepy today.

12 She, (shocked) (at) (the) (scene), wasn't able to move.

13 She (sat) (surrounded) (by) (her) (children).

Part9

11 He was (frustrated) (at) (not) (having) enough time.

12 (It) (is) (important) (for) (us) (to) (go) at once.

13 (It) (is) (very) (stupid) (of) (you) (to) believe him.

Part10

11 Please (let) (me) (know) (whenever) (you) (visit) Sapporo.

12 (Whatever) (happens), I (must) (go) (home) by noon.

13 (However) (difficult) (it) (may) (be), you should do your best.

Part11

11 (The) (older) (you) (are), (the) (wiser) (you) (become).

12 I (am) (the) (tallest) (in) (my) (class).

13 (Nothing) (is) (so (as)) (precious) (as) (life).

結語

誠摯感謝您拿起本書並讀到最後。

本書針對在學中的國中生、高中生、大學生及社會人士所撰寫，希望能讓大眾學會英語。

為了讓人 **1 冊讀懂範圍廣大的高中英文文法**，本書下了許多功夫，**在每個地方舉出具體例子**，使模糊的概念變得更加清晰立體。此外，更將**多數英文教材會分散介紹、「看似沒有關聯」的文法之間的相關性**清楚地寫了出來。

每一課除了介紹文法的基礎內容，並提出應用的重點，以及補充的文法知識專欄。

無論你今年幾歲，學習英文都能幫助自我成長。 期許本書成為各位成長的助力。

在此特別感謝本書的企劃編輯——神吉出版的前澤編輯、替本書做出精美設計的 ISSHIKI 公司的德永設計、NIXinc 公司的二之宮內頁設計、插畫家藤田老師、替本書仔細校對的寺濱編輯，以及多位專業講師的鼎力相助。最後，當然要感謝各位讀者陪伴我走到這裡，謝謝你們。

肘井 學

國家圖書館出版品預行編目（CIP）資料

一本讀通高中英文：圖解基礎英文文法/肘井學著；韓宛庭譯. -- 初版. -- 臺北市：商周出版：英屬蓋曼群島商家庭傳媒股份有限公司城邦分公司發行, 民111.11
168面；17×23公分
譯自：高校の英文法が1冊でしっかりわかる本
ISBN 978-626-318-470-1(平裝)

1.CST: 英語教學 2.CST: 語法 3.CST: 中等教育

524.38   111016596

BV5021
一本讀通高中英文
圖解基礎英文文法

原 著 書 名／	高校の英文法が1冊でしっかりわかる本	企 劃 選 書／何宜珍
作 者／	肘井學	責 任 編 輯／韋孟岑
譯 者／	韓宛庭	

版 權 部／吳亭儀、江欣瑜、林易萱
行 銷 業 務／黃崇華、賴正祐、周佑潔、賴玉嵐
總 編 輯／何宜珍
總 經 理／彭之琬
事業群總經理／黃淑貞
發 行 人／何飛鵬
法 律 顧 問／元禾法律事務所　王子文律師
出 版／商周出版
　　　　　台北市104中山區民生東路二段141號9樓
　　　　　電話：(02) 2500-7008　傳真：(02) 2500-7759
　　　　　E-mail：bwp.service@cite.com.tw
　　　　　Blog：http://bwp25007008.pixnet.net/blog
發 行／英屬蓋曼群島商家庭傳媒股份有限公司城邦分公司
　　　　　台北市104中山區民生東路二段141號2樓
　　　　　書虫客服專線：(02)2500-7718、(02) 2500-7719
　　　　　服務時間：週一至週五上午09:30-12:00；下午13:30-17:00
　　　　　24小時傳真專線：(02) 2500-1990；(02) 2500-1991
　　　　　劃撥帳號：19863813　戶名：書虫股份有限公司
　　　　　讀者服務信箱：service@readingclub.com.tw
　　　　　城邦讀書花園：www.cite.com.tw
香 港 發 行 所／城邦(香港)出版群組有限公司
　　　　　香港灣仔駱克道193號超商業中心1樓
　　　　　電話：(852) 25086231傳真：(852) 25789337
　　　　　E-mailL：hkcite@biznetvigator.com
馬 新 發 行 所／城邦(馬新)出版群組【Cité (M) Sdn. Bhd】
　　　　　41, Jalan Radin Anum, Bandar Baru Sri Petaling,
　　　　　57000 Kuala Lumpur, Malaysia.
　　　　　電話：(603)90563833　傳真：(603)90576622
　　　　　E-mail：service@cite. my

版 面 設 計／二之宮匡（NIXinc）
插 畫／藤田hiroko
封 面 設 計／Copy
內 文 排 版／簡至成
印 刷／卡樂彩色製版印刷有限公司
經 銷 商／聯合發行股份有限公司
　　　　　電話：(02)2917-8022　傳真：(02)2911-0053

■2022年（民111）11月08日初版

城邦讀書花園
www.cite.com.tw

定價／**360**元

Printed in Taiwan

KOUKOU NO EIBUNPOU GA 1 SATSU DE SHIKKARI WAKARU HON
©Gaku Hijii 2019
All rights reserved.
Originally published in Japan by KANKI PUBLISHING INC.,
Chinese (in Traditional characters only) translation rights arranged with
KANKI PUBLISHING INC., through Japan Creative Agency
translation rights © 2022 by Business Weekly Publications, a division of Cite Publishing Ltd.

線上版讀者回函卡